Inklusiver Unterricht kompakt

Markus Lang · Michael Thiele

Schüler mit Sehbehinderung und Blindheit im inklusiven Unterricht

Praxistipps für Lehrkräfte

2., aktualisierte Auflage

Mit 17 Abbildungen und 8 Tabellen
Mit Online-Zusatzmaterial

Ernst Reinhardt Verlag München

Prof. Dr. *Markus Lang,* Sonderpädagoge, lehrt Blinden- und Sehbehindertenpädagogik an der Pädagogischen Hochschule Heidelberg.

Dr. *Michael Thiele,* Rehabilitationslehrer für Blinde und Sehbehinderte, Dipl.-Motologe, Gymnasiallehrer, arbeitet am Landesförderzentrum Sehen Schleswig.

Weitere Bände der Reihe „Inklusiver Unterricht kompakt":

Breuer-Küppers, P./Hintz, A.-M. (2018): Schüler mit herausforderndem Verhalten im inklusiven Unterricht (ISBN 978-3-497-02815-3)

Breuer-Küppers, P./Bach, R. (2016): Schüler mit Lernbeeinträchtigungen im inklusiven Unterricht (ISBN 978-3-497-02636-4)

Omonsky, C. (2017): Schüler mit schwerer und mehrfacher Behinderung im inklusiven Unterricht (ISBN 978-3-497-02679-1)

Reber, K./Schönauer-Schneider, W. (2017): Sprachförderung im inklusiven Unterricht (ISBN 978-3-497-02714-9)

Terfloth, K./Cesak, H. (2016): Schüler mit geistiger Behinderung im inklusiven Unterricht (ISBN 978-3-497-02635-7)

Truckenbrodt, T./Leonhardt, L.: Schüler mit Hörschädigung im inklusiven Unterricht. 3. Aufl. (ISBN 978-3-497-02939-6)

Bibliografische Information der Deutschen Nationalbibliothek

Die Deutsche Nationalbibliothek verzeichnet diese Publikation in der Deutschen Nationalbibliografie; detaillierte bibliografische Daten sind im Internet über <http://dnb.d-nb.de> abrufbar.

ISBN 978-3-497-02927-3 (Print)
ISBN 978-3-497-61294-9 (PDF-E-Book)
ISBN 978-3-497-61295-6 (EPUB)

2., aktualisierte Auflage

Printed in EU
Cover unter Verwendung eines Fotos von © iStock.com/Csaba Toth
Satz: Rist Satz & Druck GmbH, 85304 Ilmmünster

Ernst Reinhardt Verlag, Kemnatenstr. 46, D-80639 München
Net: www.reinhardt-verlag.de E-Mail: info@reinhardt-verlag.de

Inhalt

Vorwort

Anwendung

Diese Handreichung richtet sich an Lehrkräfte, die im Rahmen der Inklusion einen oder eine SchülerIn mit dem Förderbedarf Sehen unterrichten. Auf der Basis grundlegender blinden- bzw. sehbehindertenpädagogischer Aspekte werden praxisnah Anregungen für einen gelingenden inklusiven Unterricht skizziert.

Inhalt

Einleitend werden die Begriffe Sehbehinderung und Blindheit im Kontext der schulischen Inklusion definiert und das Ausmaß des Auftretens von Sehbehinderung oder Blindheit beschrieben. Als eine zentrale Komponente einer gelingenden Inklusion wird die Kooperation der allgemein- bzw. sonderpädagogischen Lehrkräfte herausgestellt. Weitere inhaltliche Schwerpunkte beziehen sich auf die Verzahnung des allgemeinen und sehbehinderten- bzw. blindenspezifischen Curriculums, auf die Gestaltung eines notwendigen Nachteilsausgleichs sowie auf Anregungen zur Unterstützung sozialer Integrationsprozesse. Im Mittelpunkt der Handreichung stehen neben der Beschreibung hilfreicher Rahmenbedingungen konkrete Vorschläge zur Unterrichtsgestaltung.

Hinweise

Am Ende der jeweiligen Kapitel finden sich kurze Memos zur schnellen Übersicht. Zur besseren Orientierung finden sich in der Randspalte

Empfehlungen **Glossar** **Online-Zusatzmaterial**

Merke! **Weiterführende Informationen**

Das Online-Zusatzmaterial können Sie auf der Homepage des Ernst Reinhardt Verlages bei der Darstellung dieses Titels herunterladen.

Dank

Wir bedanken uns bei unseren Kollegen Klaus Wissmann (Landesförderzentrum Sehen Schleswig) und Frank Laemers (Pädagogische Hochschule Heidelberg) für ihre Unterstützung bei den Arbeiten für dieses Buch. Außerdem danken wir der Paul und Charlotte Kniese-Stiftung, Berlin, für ihre Unterstützung zum Farbdruck dieser Publikation.

1 Blindheit und Sehbehinderung

In diesem Kapitel wird beschrieben, welcher Personenkreis als blind, hochgradig sehbehindert und sehbehindert bzw. sehbeeinträchtigt gilt und wie sich verschiedene Sehschädigungen auf die kindliche Entwicklung auswirken.

Sehbeeinträchtigungen können ihre Ursache im Bereich des Sehapparats (Linse, Netzhaut etc.) und/oder im Bereich der zentralen visuellen Wahrnehmungsverarbeitung haben. Für die pädagogische Arbeit ist es wichtig, die jeweilige Sehbeeinträchtigung nicht isoliert zu sehen, sondern die individuellen Fähigkeiten der SchülerInnen sowie die Rahmenbedingungen des Unterrichts mit zu betrachten.

Informationen zur Entwicklung der inklusiven Bildung von Kindern und Jugendlichen mit Blindheit und Sehbehinderung beschließen das Kapitel.

1.1 Begriffsdefinitionen

keine einheitliche Definition

Klassifikationen von Sehschädigungen sind international nicht einheitlich. Unter medizinischen und sozialrechtlichen Gesichtspunkten wird als wichtigstes Kriterium zur Feststellung einer Sehbehinderung die Messung der Sehschärfe (Visus) herangezogen. Hierbei muss die Testperson Sehzeichen (ab dem Schulalter meist Buchstaben oder Zahlen) in einer Normdistanz erkennen. Aus der Differenz zwischen Normdistanz und tatsächlicher Prüfdistanz lässt sich die Sehschärfe folgendermaßen errechnen:

Visus = Prüfdistanz : Normdistanz

Beispiel für Visuswert

Ist ein **Sehzeichen** für eine Entfernung von fünf Meter normiert, die Testperson müsste jedoch die Distanz bis auf einen Meter verkürzen, um alle Sehzeichen erkennen zu können, beträgt der **Visuswert** $^{1}/_{5}$ (0,2). Der Referenzwert für nicht beeinträchtigtes Sehen liegt immer bei 1,0 (in unserem Beispiel $^{5}/_{5}$).

Neben Visuswerten für die Ferne kann mit entsprechend normierten Prüftafeln auch ein Nahvisus bestimmt werden. Dieser ist im schulischen Kontext bei Lese- und Schreibtätigkeiten von großer Bedeutung.

Begriffe

Definitionen

Im deutschsprachigen Raum ist die Bezeichnung „Sehschädigung“ v.a. im medizinischen und sozialrechtlichen Kontext als Oberbegriff für „Sehbehinderung“, „hochgradige Sehbehinderung“ und „Blindheit“ gebräuchlich. Personen gelten dann als blind, wenn ihr Visuswert auf dem besseren Auge nicht mehr als $^{1}/_{50}$ beträgt oder gleichzusetzende Sehbeeinträchtigungen (z.B. sehr starke Einschränkungen des Gesichtsfeldes) vorliegen. Im Unterschied zum umgangssprachlichen Gebrauch des Wortes „Blindheit“, bedeutet der entsprechende sozialrechtliche Begriff, dass ein Betroffener noch über visuelle Wahrnehmungsmöglichkeiten verfügen kann. Liegt kein Sehvermögen vor, wird die Bezeichnung „Amaurose“ verwendet. Tabelle 1 fasst die medizinischen und sozialrechtlichen Definitionen von Sehbehinderung, hochgradiger Sehbehinderung und Blindheit zusammen.

Tab. 1: Klassifizierung von Sehbeeinträchtigungen (Deutsche Ophthalmologische Gesellschaft 2011)

Sehschädigung	Visuswert (mit Korrektur auf dem besseren Auge)	
Sehbehinderung	≤ 1/3 bis ausschl. 1/20	oder gleichzusetzende Sehbeeinträchtigung (z.B. entsprechende Einschränkung des Gesichtsfelds)
Hochgradige Sehbehinderung	≤ 1/20 bis ausschl. 1/50	
Blindheit	≤ 1/50	

In einigen Veröffentlichungen (u.a. Walthes 2014) wird der Begriff „Sehbeeinträchtigung“ synonym zum Begriff „Sehschädigung“ oder zum Begriff „Sehbehinderung“ verwendet. Zum Ausdruck gebracht wird hierdurch, dass medizinisch diagnostizierte Schädigungen nicht zwangsläufig zu Behinderungen beispielsweise der sozialen Teilhabe führen müssen. Dieser Sachverhalt wird auch in der vorliegenden Publikation berücksichtigt: „Sehbehinderung“ und „Sehbeeinträchtigung“ werden synonym verwendet, wobei „Sehbeeinträchtigung“ insbesondere auch zerebral bedingte Störungen der visuellen Wahrnehmungsverarbeitung einschließt. „Sehschädigung“ wird ausschließlich in medizinisch-sozialrechtlichen Kontexten gebraucht.

Oft treten Sehschädigungen zusammen mit weiteren Beeinträchtigungen (z.B. der Kognition, der Motorik, der auditiven Wahrnehmung) auf. Untersuchungen kommen zu dem Ergebnis, dass etwa 60–70% der Kinder mit Blindheit und Sehbehinderung eine Mehrfachbehinderung aufweisen (Hatton et al. 2013).

1.2 Prävalenz von Blindheit und Sehbehinderung

Zahlen und Fakten

Exakte Angaben über die Häufigkeit von Blindheit und Sehbehinderung in Deutschland liegen nicht vor. Die vom Statistischen Bundesamt veröffentlichten Zahlen beziehen sich auf bewilligte Anträge auf einen Schwerbehindertenausweis (mit Blindheit/Sehbehinderung als schwerste Behinderung). Da jedoch nicht alle Personen mit Blindheit oder Sehbehinderung einen Antrag auf Ausstellung eines Schwerbehindertenausweises stellen, liegen die tatsächlichen Zahlen in jedem Fall höher als die entsprechenden Angaben (Tab. 2).

Tab. 2: Angaben zur Häufigkeit von Blindheit und Sehbehinderung in Deutschland

	Blindheit und hochgradige Sehbehinderung	Sehbehinderung
bewilligte Anträge auf einen Schwerbehindertenausweis (Robert Koch Institut/Statistisches Bundesamt 2017)	74.889 blinde und 49.103 hochgradig sehbehinderte Menschen (insgesamt: 123.992)	233.026 sehbehinderte Menschen
Übertrag von WHO-Statistiken auf Deutschland (Bertram 2005)	164.000 blinde und hochgradig sehbehinderte Menschen	1.066.000 sehbehinderte Menschen

In der Schweiz wird von 10.000 Menschen mit Blindheit und 315.000 Menschen mit Sehbehinderung (inkl. hochgradiger Sehbehinderung) ausgegangen (Spring 2012). Der Blinden- und Sehbehindertenverband Österreich nennt für Österreich 3.000 Menschen mit Blindheit, 101.000 Menschen mit hochgradiger Sehbehinderung und 146.000 Menschen mit Sehbehinderung (BSVÖ 2016).

Häufigkeit im Kontext Schule

Für das Schulalter ergibt sich laut Statistik der Kultusministerkonferenz (KMK 2019) in Deutschland für das Schuljahr 2017/18 eine Zahl von 9.009 SchülerInnen, die blinden- und sehbehindertenspezifisch unterstützt wurden. Bei dieser Angabe ist jedoch zu beachten, dass Kinder und Jugendliche mit zusätzlichen (z.B. kognitiven und motorischen) Beeinträchtigungen nicht hinlänglich berücksichtigt werden (Drave et al. 2013). Die absolute Anzahl derjenigen SchülerInnen, die eine blinden- und sehbehindertenspezifische Unterstützung und Förderung benötigen, ist somit wesentlich höher, als es die Angaben in amtlichen Statistiken vermuten lassen.

1.3 Ursachen von Blindheit und Sehbeeinträchtigung

Die Ursachen von Blindheit und Sehbeeinträchtigung können sehr vielfältig sein und lassen sich auf genetische (z.B. vererbte Augenerkrankungen) oder umweltbedingte Faktoren (z.B. Unfälle, Geburtskomplikationen, erworbene Krankheiten) zurückführen.

Sehapparat und zentrale Verarbeitung als Schädigungsursachen

Bedeutsam erscheint eine Differenzierung in Bezug auf den Schädigungsort, d.h. inwieweit der Sehapparat (Auge: Linse, Hornhaut, Netzhaut etc.) eine Schädigung aufweist und/oder etwaige Störungen der Reizweiterleitung und -verarbeitung die beobachtbaren Sehbeeinträchtigungen erklären können. Störungen der Verarbeitung visueller Reize im Gehirn werden als ⌕*CVI (Cerebral Visual Impairment)* bezeichnet. In den Industrieländern können im Kindes- und Jugendalter häufig die in Abbildung 1 aufgeführten Ursachen von Sehschädigungen festgestellt werden.

Häufige Sehschädigungen im Kindes- und Jugendalter

Ursachen	Störung der visuellen Wahrnehmung: CVI (Cerebral Visual Impairment)	Netzhautschädigung bei frühgeborenen Kindern (Retinopathia praematurorum)	Sehnervschädigungen	Strukturveränderungen des Auges (z.B. erblich bedingte Netzhautdegeneration)	Albinismus (Pigmentmangel, der auch die Iris betrifft)
Häufigkeit	ca. 20–25 %	ca. 12–19 %	ca. 11–17 %	ca. 11–13 %	ca. 4,5 %

Abb. 1: Ursachen und Häufigkeiten von Sehschädigungen in Industrieländern (Garber/Huebner 2017,67; Hatton et al. 2013) (Übers. v. M. Lang)

1.4 Diagnostik von Sehbeeinträchtigung

Durch genaues Beobachten der Kinder und Jugendlichen lassen sich Indikatoren erkennen, die auf eine Sehbeeinträchtigung schließen lassen (Tab. 3). Wird eine entsprechende Beeinträchtigung vermutet, muss eine detaillierte Diagnostik von augenärztlicher und anschließend von sehbehindertenpädagogischer Seite aus erfolgen.

medizinische und pädagogische Sehdiagnostik

Die funktionelle Überprüfung des Sehvermögens wird vom Augenarzt vorgenommen. Hierbei werden beispielsweise die Sehschärfe in der Ferne, das Gesichtsfeld, der Augeninnendruck und die Intaktheit von Netzhaut, Linse und Sehnerv überprüft. Diese Ergeb-

Tab. 3: Indikatoren für das Vorliegen einer Sehbeeinträchtigung (Degenhardt/Henriksen 2009)

Indikator	Merkmale
Auffälligkeiten am Auge	▪ Augenzittern ▪ Schielstellung ▪ Rötungen ▪ häufiges Blinzeln, Zusammenkneifen ▪ …
Auffälligkeiten in der Kommunikation	▪ kein Blickkontakt („schaut am Gesprächspartner vorbei") ▪ Kopf wird auffällig schräg gehalten (auch beim Betrachten von Gegenständen) ▪ …
Auffälligkeiten bei Naharbeiten	▪ rasches Ermüden (z. B. bei Leseaufgaben) ▪ Schwierigkeiten bei der Auge-Hand-Koordination (z. B. bei Bastelarbeiten) ▪ sehr geringer Leseabstand ▪ …
Auffälligkeiten in der Bewegung	▪ Bewegungsängstlichkeit (z. B. in ungewohnter Umgebung) ▪ stark unterschiedliche Bewegungssicherheit in Abhängigkeit der Lichtverhältnisse ▪ häufiges Stolpern über verschiedene Hindernisse ▪ starke Blendempfindlichkeit ▪ …

nisse stellen wichtige Bezugsgrößen für die in Unterricht und Förderung zu treffenden Maßnahmen dar. Ergänzend werden von Blinden- und SehbehindertenpädagogInnen weitere detaillierte diagnostische Informationen erhoben (⌕*Funktionale Sehprüfung*). Hierzu gehören unter anderem Messungen der Sehschärfe (Nähe und Ferne) sowie Informationen zur Farbwahrnehmung, zum Kontrastsehen, zum Vergrößerungsbedarf oder zum räumlichen Sehen, die jeweils über spezifische Testverfahren ermittelt werden. Darüber hinaus bedarf es für den pädagogischen Kontext einer auf Beobachtungen basierenden Sehdiagnostik, bei der gezielt verschiedene alltagsrelevante Aufgabenstellungen (z. B. Lese- und Schreibaufgaben, Aufgaben zur Orientierung) bei unterschiedlichen Kontextbedingungen wie Beleuchtungssituation, Kontrastierung der Materialien oder zur Verfügung stehende Zeit berücksichtigt werden.

Die Diagnostik von CVI erweist sich als äußerst komplex. Bildgebende Verfahren können die konkreten Schädigungen kortikaler Areale trotz enormer Fortschritte noch nicht mit der notwendigen Genauigkeit ermitteln. Aus diesem Grund werden in der Praxis detaillierte Beobachtungsraster und spezifische Testaufgaben eingesetzt, um Funktionsbeeinträchtigungen beispielsweise bei der Form- und Bewegungswahrnehmung oder zentral bedingte Gesichtsfeldeinschränkungen erfassen zu können.

1.5 Auswirkungen von Blindheit und Sehbeeinträchtigung

Mögliche Auswirkungen von Sehbeeinträchtigungen auf das Sehvermögen

- ein trübes, unscharfes Netzhautbild
- ein eingeschränktes Gesichtsfeld
- eine erhöhte Blendempfindlichkeit
- eine herabgesetzte Kontrastempfindlichkeit
- ein nur gering oder gar nicht vorhandenes Farbensehen
- fehlendes räumliches Sehen (Stereosehen)
- Einschränkungen in der Wahrnehmung bewegter Objekte
- Schwierigkeiten bei der Fixation aufgrund eines Augenzitterns (Nystagmus)
- Probleme bei der Unterscheidung von Formen
- Extreme Kurz- oder Weitsichtigkeit (Myopie bzw. Hyperopie)

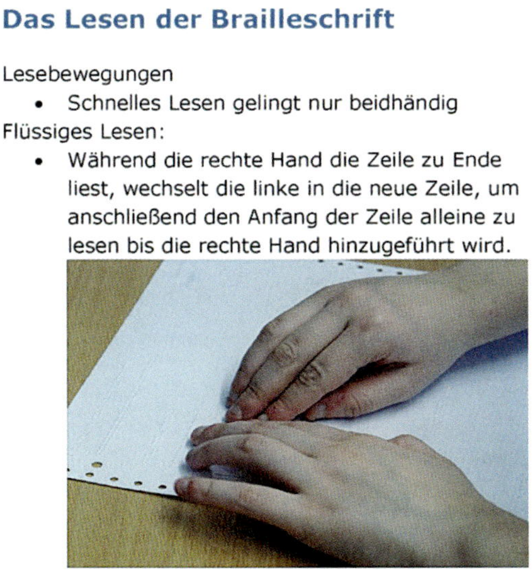

Ausgangsbild

Schädigung im peripheren Netzhautbereich mit noch intakter Makula, der Stelle des schärfsten Sehens („Röhrengesichtsfeld")

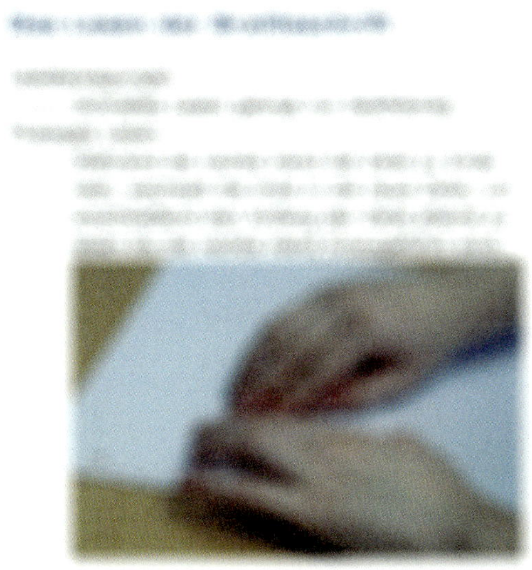

unscharfes Netzhautbild (z. B. bei Linsentrübung)

Netzhautschädigung im Bereich der Makula

Abb. 2: Simulation von Sehbeeinträchtigungen

begrenzte Aussagekraft von Simulationsbildern

Die Simulation des Sehvermögens bei einer Augenerkrankung oder einer zentralen visuellen Wahrnehmungsstörung ist äußerst schwierig. Simulationsbilder können lediglich einen möglichen und darüber hinaus sehr groben Seheindruck vermitteln. Ein Nachempfinden der tatsächlichen Auswirkungen ist für Menschen ohne Sehbeeinträchtigung nicht zugänglich. Die Einschränkung bleibt individuell und abhängig von situativen und personalen Bedingungen (Beleuchtungssituation, Sehaufgabe, Stress, Erfahrungshintergrund, Ermüdungsgrad etc.). Abbildung 2 kann somit nur sehr begrenzt Sehbehinderungen veranschaulichen.

Blindheit und Sehbehinderung wirken sich zunächst direkt auf die sensorische Wahrnehmung aus. Darüber hinaus können jedoch weitergehende bzw. indirekte Auswirkungen auf andere Entwicklungsbereiche (z. B. Motorik, Emotionalität, Soziabilität) beobachtet werden.

individuelle Auswirkungen

Inwieweit die Entwicklung in weiteren Bereichen beeinflusst wird, ist abhängig vom Eintrittszeitpunkt der Blindheit bzw. Sehbehinderung, vom Grad der verbliebenen Sehfähigkeit, von den Ursachen der Sehschädigung oder vom Vorliegen zusätzlicher Behinderungen. Darüber hinaus sind Variablen wie die Persönlichkeitsstruktur (Explorationsfreude oder Zurückgezogenheit etc.) oder die unmittelbare Umgebung (sensible und konstante Bezugspersonen, Anregungsgehalt für Aktivitäten und inhaltliche Auseinandersetzungen) entscheidende Einflussfaktoren. Die nachfolgend aufgelisteten Aspekte sind somit lediglich potenziell mögliche, jedoch nicht zwingende Auswirkungen von Blindheit und Sehbehinderung auf verschiedene Entwicklungsbereiche.

Mögliche Auswirkungen von Sehbeeinträchtigungen auf verschiedene Entwicklungsbereiche

Kognition

- Kinder und Jugendliche mit Blindheit und Sehbehinderung sind kognitiv genauso leistungsfähig wie Kinder und Jugendliche ohne Sehbeeinträchtigungen. Lernprozesse können jedoch beispielsweise durch ein eingeschränktes Imitationslernen erschwert sein. Auch die Bildung von Begriffen kann sich aufwendiger gestalten, da manche Begriffsmerkmale visuell schneller und einfacher zugänglich sind.
- Der Aufbau räumlicher Vorstellungen ist oftmals erschwert.

Motorik

- Sehen schafft vielfältige Bewegungsanreize, steuert die Bewegungsausführung und stabilisiert das Gleichgewicht. Kinder mit Blindheit und Sehbehinderung sammeln u. U. weniger Bewegungserfahrungen und können somit Verzögerungen in der motorischen Entwicklung sowie Auffälligkeiten hinsichtlich Bewegungskoordination und Körperhaltung zeigen.
- Vor allem Kinder und Jugendliche mit Blindheit zeigen mitunter psychomotorische Besonderheiten (Bewegungsstereotypien wie Augenbohren, Schaukeln mit dem Oberkörper etc.).

Sprache/Kommunikation

- Das Erfassen mimischer und gestischer Gesprächsanteile ist nur eingeschränkt oder gar nicht möglich.

Soziabilität

- Der Erwerb lebenspraktischer Fähigkeiten (z. B. Zubereitung von Nahrung) ist erschwert.

Emotionalität

- Blindheit und Sehbehinderung können die Entwicklung von Ängstlichkeit unterstützen, da Bewegungshandlungen mit schmerzhaften Erfahrungen verbunden sein können.

1.6 Grundlegende pädagogische Konsequenzen

eigene Sichtweisen hinterfragen

Blindheit und Sehbehinderung sind nur zwei mögliche Persönlichkeitsvariablen von unendlich vielen (Kap. 1.1). Aber: Eine starke Einschränkung oder gar das Fehlen visueller Wahrnehmungsmöglichkeiten muss in einer Gesellschaft, die stark auf Visualität ausgerichtet ist, als extremes Lebenserschwernis wahrgenommen werden. Zudem schwingen im Kontakt zu Menschen mit Sehbeeinträchtigungen und Blindheit gesellschaftliche Vorurteile mit, die diesen Menschen prinzipiell defizitäre Wahrnehmungsmöglichkeiten unterstellen, was sich z.B. auch in übertriebenem Mitleid äußern kann. Gesellschaftlich transportierte Einstellungen und Sichtweisen kann niemand einfach ändern. Aber: Voraussetzung für einen guten inklusiven Unterricht ist die Bereitschaft auf Seiten der unterrichtenden Lehrkräfte, die eigenen Urteile und Vorurteile selbstkritisch zu hinterfragen. Hilfreich für diesen Prozess ist die Offenheit, sich für die spezifische „Sichtweise" der jeweiligen SchülerInnen zu interessieren und ihnen eine entsprechende wertschätzende Neugier entgegenzubringen. Ein Exkurs zur visuellen Wahrnehmung und den Grenzen zwischen „Sehen" und „Nicht-Sehen" steht als Online-Zusatzmaterial zur Verfügung.

Wenn Sie über Begriffe mit stark visuell geprägten Inhalten sprechen, fragen Sie den bzw. die SchülerIn, welche Vorstellungen er/sie darüber hat, und tauschen Sie sich ggf. über Ihre unterschiedlichen Wahrnehmungen aus. Vermeiden Sie eine Bewertung und achten Sie auf einen respektvollen Umgang der SchülerInnen miteinander.

Das Sehen scheint unseren Alltag und den Alltag der SchülerInnen (auch medial) immer mehr zu dominieren. Ein bewusster Verzicht auf das Sehen in spezifischen Unterrichtssequenzen (z.B. Entspannungsübungen mit geschlossenen Augen zur Konzentrationssteigerung, Lernangebote mit einem taktilen Zugang zum Lerngegenstand) kann für die gesamte Lerngruppe hilfreich sein.

Kinder und Jugendliche mit Sehbehinderung oder Blindheit brauchen an bestimmten Stellen spezifische Lerninhalte und methodisch-didaktische Zugangswege. Das bedeutet aber nicht, dass der Unterricht in der inklusiven Schule neu erfunden werden muss. Machen Sie sich zudem bewusst, dass Sie eine kontinuierliche Unterstützung durch das involvierte sonderpädagogische Unterstützungssystem erhalten, um spezifischen Herausforderungen gerecht werden zu können (Kap. 2).

1.7 Inklusive Bildung von Kindern und Jugendlichen mit Blindheit und Sehbehinderung

historische Entwicklungen

Die sonderpädagogisch unterstützte schulische Integration von Kindern und Jugendlichen mit Blindheit und Sehbehinderung begann in Deutschland 1970 im Gymnasialbereich und wurde von hier aus auf andere Schularten ausgeweitet.

inklusive Weiterentwicklungen

Mit der Ratifizierung der *UN-Behindertenrechtskonvention* (Österreich 2008, Deutschland 2009, Schweiz 2014) haben sich die deutschsprachigen Länder dazu verpflichtet, ihre Schulsysteme im Sinne von Inklusion weiterzuentwickeln.

Im Schuljahr 2017/18 wurden in Deutschland bundesweit 4.394 SchülerInnen blinden- und sehbehindertenspezifisch an allgemeinen Schulen betreut (48,8 %). 4.615 (51,2 %) besuchten spezifische Förderschulen (KMK 2019). Im Jahr 2000 waren es noch 76,8 % an Förderschulen und 23,2 % an allgemeinen Schulen. Auch in Österreich und in der Schweiz steigt der Anteil inklusiv beschulter Kinder und Jugendlicher mit Blindheit und Sehbehinderung.

didaktische Grundlagen

Für den Unterricht in inklusiven Kontexten ist von zentraler Wichtigkeit, dass eine Verzahnung von blinden- und sehbehindertenspezifischen didaktischen Überlegungen mit allgemeindidaktischen Modellen und mit anderen sonderpädagogischen Unterrichtsnotwendigkeiten stattfindet. Eine Didaktik des Unterrichts, die SchülerInnen mit Blindheit und Sehbehinderung grundlegend berücksichtigt, muss den Handlungsrahmen für notwendige Individualentscheidungen zur Verfügung stellen.

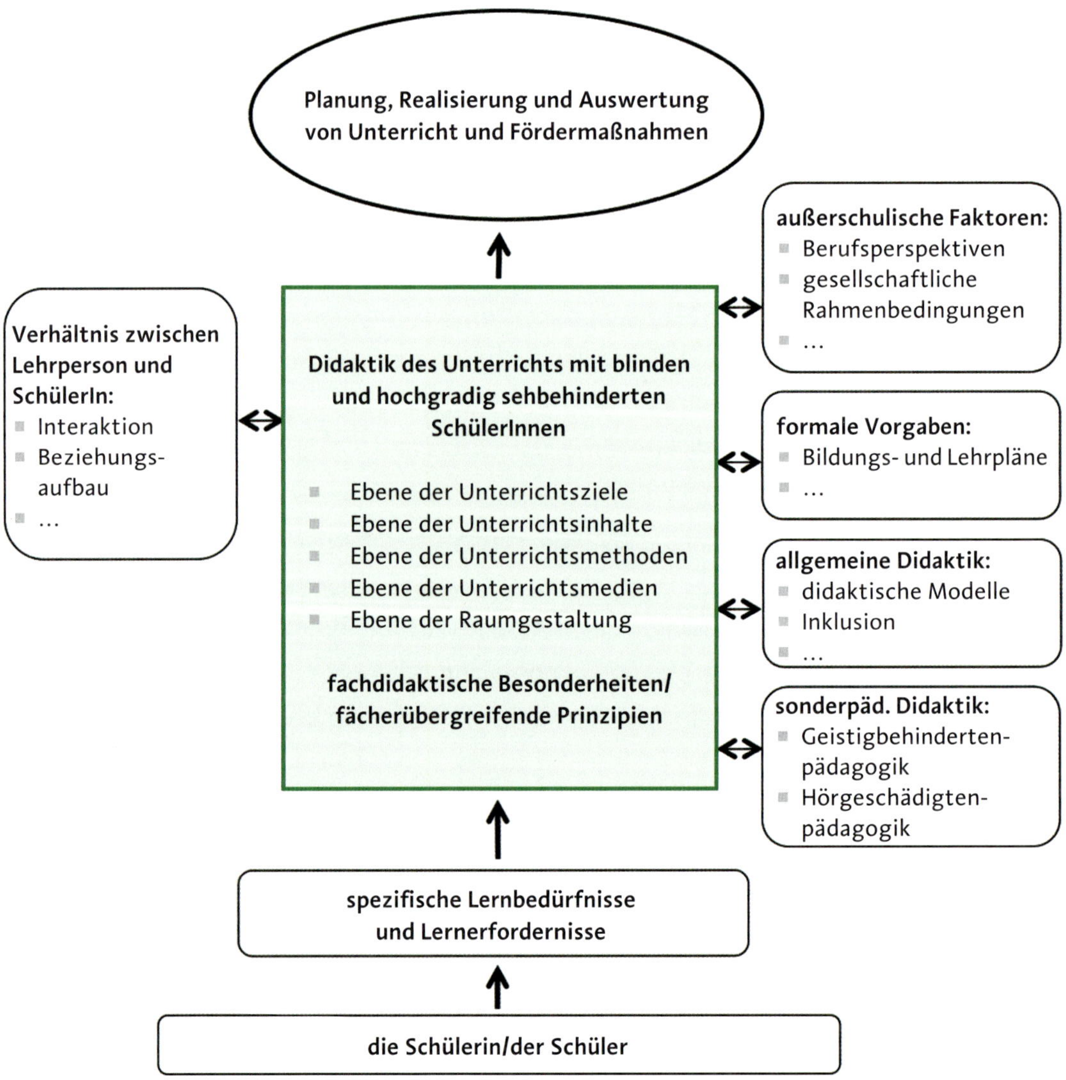

Abb. 3: Didaktikmodell (Lang 2017, 197)

Abbildung 3 zeigt ein Strukturmodell einer blinden- und sehbehindertenspezifischen Didaktik, das ausgehend von den Lernvoraussetzungen der SchülerInnen individuelle Lernbedürfnisse und Lernerfordernisse ableitet. Im Mittelpunkt der Didaktik stehen blinden- und sehbehindertenspezifische Adaptionen in den didaktischen Handlungsfeldern Unterrichtsziele und -inhalte, Methoden, Medien und Raumgestaltung. Darüber hinaus zählen Begriffsbildung, Wahrnehmungsförderung und Bewegungsförderung zu fächerübergreifenden Grundprinzipien, da Kinder mit Blindheit und hochgradiger Sehbehinderung in ihrem Explorationsverhalten und im Aufbau begrifflicher Vorstellungen häufig auf vermittelnde Bezugspersonen angewiesen sind (v.a. bei komplexen räumlichen Zusammenhängen, bei Phänomenen wie Wolken oder bei Farbmerkmalen).

In den Kapiteln 4 und 5 werden die im Modell aufgeführten Adaptionen veranschaulicht und auf die Praxisebene geführt.

Bals, I. (2009): Zerebrale Sehstörung: Begleitung von Kindern mit zerebraler Sehstörung in Kindergarten und Schule. Edition Bentheim, Würzburg

Bundesministerium für Bildung und Frauen (Hrsg.) (2015): Das Kind mit cerebralen visuellen Informationsverarbeitungsstörungen CVI. In: https://bildung.bmbwf.gv.at/schulen/sb/cvi_kind.pdf, 6.8.2019

Lang, M. (2017): Inhaltsbereiche und konkrete Ausgestaltung einer spezifischen Didaktik des Unterrichts mit blinden und hochgradig sehbehinderten Schülerinnen und Schülern. In: Lang, M., Hofer, U., Beyer, F.: Didaktik des Unterrichts mit blinden und hochgradig sehbehinderten Schülerinnen und Schülern. Band 1: Grundlagen. 2., überarbeitete Auflage, Kohlhammer, Stuttgart, 174–227

Memo

Ursachen, Auswirkungen und Didaktik

✓ Blindheit und Sehbeeinträchtigung können peripher oder zentral bedingt sein und führen nicht zwangsläufig zu Behinderungen der Aktivität und Teilhabe (Kap. 1.1, 1.3).

✓ Die Auswirkungen von Blindheit und Sehbehinderung sind stets individuell und abhängig von Kontextfaktoren. Sie lassen sich nur ansatzweise simulieren (Kap. 1.5).

✓ Spezifische didaktische Anpassungen sind auf der Ziel- und Inhaltsebene notwendig sowie hinsichtlich der Unterrichtsmethoden, der Unterrichtsmedien und der Raumgestaltung (Kap. 1.7).

2 Sonderpädagogische Unterstützungssysteme im Rahmen der Inklusion

In diesem Kapitel werden die inhaltlichen und konzeptionellen Schwerpunkte der sonderpädagogischen Unterstützungssysteme (z.B. Förderzentren, Mobile Dienste) beschrieben und wesentliche Aspekte der Kooperationsprozesse skizziert. Ergänzend werden die mit der Sehbeeinträchtigung oder Blindheit verbundenen spezifischen Lernfelder und ihre Umsetzungsmöglichkeiten im Rahmen der inklusiven Schule beschrieben.

2.1 Organisationsformen

Unterschiede

In den verschiedenen deutschsprachigen Ländern gibt es unterschiedliche Organisationsformen in Bezug auf die Beschulung von Kindern, Jugendlichen und jungen Erwachsenen mit Sehbeeinträchtigung oder Blindheit. Das Spektrum reicht von spezifischen Schulen bzw. Förderzentren, die vorrangig ein eigenes stationäres Unterrichtsangebot für diese Personengruppe vorhalten und erst dabei sind, Formen der Unterstützung im Rahmen von Inklusion zu entwickeln, bis hin zu Einrichtungen, die seit vielen Jahren intensiv im Rahmen der Inklusion an Regelschulen tätig sind.

2.2 Übergeordnete Zielsetzung

Im Rahmen der schulischen Inklusion ist es die Aufgabe der Unterstützungssysteme, eine umfassende Teilhabe der SchülerInnen mit Blindheit oder Sehbehinderung an den Bildungs- und Erziehungsprozessen zu gewährleisten, um ein hohes Maß an Partizipation und selbstständiger Lebensgestaltung zu ermöglichen.

Schwerpunkte des Arbeitsauftrages sind entsprechend folgende Aspekte:

- individuelle Diagnostik der Lernausgangslage der jeweiligen SchülerInnen im Bereich der visuellen Wahrnehmung oder der Wahrnehmungsorganisation unter den Bedingungen von Blindheit
- Unterstützung und Beratung des familiären und sozialen Umfeldes, z. B. in Bezug auf:
  - konkrete Erschwernisse im Lebens- und Schulalltag
  - mögliche Besonderheiten in der Entwicklung
- individuelle Förderung der SchülerInnen, z. B. in Bezug auf:
  - die Nutzung von Hilfsmitteln
  - das Erlernen alternativer Schriftsysteme (z. B. Braille)
  - das Erlernen spezifischer Fähigkeiten zur Förderung der Selbstständigkeit
- Unterstützung und Beratung der inklusiven Schule, z. B. in Bezug auf:
  - die Gestaltung der Rahmenbedingungen
  - die Anschaffung notwendiger Lehr-/Lern- und Hilfsmittel
- Unterstützung und Beratung der unterrichtenden Lehrkräfte, z. B. in Bezug auf:
  - die Möglichkeiten methodisch-didaktischer Modifikationen
  - die Umsetzung notwendiger individueller Fördermaßnahmen
  - die möglichen Formen des Nachteilsausgleichs
- Kooperation mit außerschulischen Einrichtungen, z. B. mit:
  - psychosozialen Diensten
  - medizinischen Institutionen
  - Behörden
  - Krankenkassen
  - Selbsthilfeverbänden

2.3 Konzeption

Für die Umsetzung des skizzierten Arbeitsauftrags erscheinen drei Schwerpunkte von zentraler Bedeutung:

Unterstützung vor Ort

1 Die Unterstützung und Beratung der SchülerInnen und ihrer Lehrkräfte und weiteren Bezugspersonen (z.B. Eltern) vor Ort. Dies kann als Kern der sonderpädagogischen Unterstützung begriffen werden.

Angebot von Fortbildungen

2 Viele Förderzentren bzw. Mobile Dienste bieten ergänzend zentrale Fortbildungen für die KooperationspartnerInnen (z.B. Lehrkräfte, Schulbegleitungen) an. Die Zielsetzung liegt zum einen auf einer Sensibilisierung für die besonderen pädagogischen Bedürfnisse der SchülerInnen, zum anderen auf dem Aspekt eines Kompetenztransfers.

Angebot von Kursen

3 Häufig werden zudem spezifische Fördermaßnahmen bzw. Kurse für die SchülerInnen mit Blindheit oder Sehbeeinträchtigung angeboten. Die Organisationsform dieser Angebote stellt sich sehr unterschiedlich dar und reicht von eintägigen Veranstaltungen am Wochenende bis zu mehrtägigen Angeboten innerhalb der Schulzeit oder in den Ferien. Die Zielsetzung liegt zum einen in der Ergänzung und Vertiefung des Bildungs- und Erziehungsangebotes vor Ort in Bezug auf spezifische Bildungsinhalte (z.B. Unterstützung der Entwicklung sozialer Kompetenz unter der Bedingung einer Sehbeeinträchtigung oder Blindheit). Zum anderen dient das Angebot einer Peergroup, d.h. der unmittelbare Kontakt zu anderen SchülerInnen mit Blindheit oder Sehbeeinträchtigung, der Stärkung der Identitätsentwicklung.

> Der Aspekt einer sozialen Peergroup gewinnt aufgrund der geringen Prävalenzrate besondere Bedeutung. Während die SchülerInnen in der inklusiven Schule vor Ort in der Regel die einzigen Kinder oder Jugendlichen mit einer Sehschädigung sind, können sie sich im Rahmen entsprechender Kursangebote mit anderen SchülerInnen austauschen, die im Lebens- und Schulalltag vor ähnlichen spezifischen Herausforderungen wie sie selbst stehen.
>
> Die Inhalte der Kurse sind daher ein wichtiger Baustein im Rahmen einer individuell akzentuierten inklusiven Bildung und Erziehung. Alle drei Angebote sind als notwendige Ergänzung zur inklusiven schulischen Bildung und Erziehung vor Ort zu verstehen.

2.4 Kooperation mit der inklusiven Schule vor Ort: Aufgaben und Rollenverständnis

subsidiäres Verständnis von Sonderpädagogik

Konzeptionelle Grundlage der Arbeitsweise sonderpädagogischer Unterstützungssysteme im Förderschwerpunkt Sehen ist ein subsidiäres Verständnis von Sonderpädagogik.

Vereinfacht ausgedrückt bedeutet dies, dass z.B. eine Schülerin mit Förderbedarf Sehen in erster Linie als Schülerin bzw. als Kind, Jugendliche oder junge Erwachsene der besuchten Schule zu begreifen ist. Sie hat die gleichen grundlegenden Bedürfnisse nach pädagogischer Unterstützung in ihren Lernprozessen, nach „gutem Unterricht", nach Erfolgserlebnissen und sozialer Anerkennung bzw. Einbindung wie alle anderen SchülerInnen ihrer Klasse auch.

Rollenverständnis

Sonderpädagogische Unterstützungssysteme im Rahmen der Inklusion begreifen ihre Rolle vor diesem Hintergrund als eine die allgemeine Pädagogik unterstützende und beratende Rolle. Ihre wesentlichen Tätigkeiten lassen sich in diesem Verständnis verkürzt in vier Schwerpunkte zusammenfassen: Unterstützen, Beraten, Fördern und Unterrichten.

mögliche Besonderheiten

Zwar geht es bei allen Schwerpunkten im Kern um den Abbau von Barrieren auf allen Ebenen (Rahmenbedingungen, Methodik und Didaktik, Nachteilsausgleich, individuelle Förderung). Aber: Die jeweils nur individuell zu bestimmende konkrete Ausgangslage kann sich in einer ganz unterschiedlichen Gestaltung bzw. Gewichtung der Tätigkeiten niederschlagen.

Beispiele

- Bei einem Schüler, der infolge einer **fortschreitenden Erkrankung** im Rahmen der Primarstufe plötzlich erblindet, könnten sehr stark Aspekte der individuellen Förderung (z.B. Vermittlung von Brailleschrift, Nutzung von Hilfsmitteln) oder des Unterrichtens (z.B. Team-Teaching) im Vordergrund stehen.
- Bei einem Schüler mit Sehbehinderung auf der Sekundarstufe, der im Lauf seiner Schulzeit eine hohe Selbstkompetenz im Umgang mit Hilfsmitteln entwickelt hat, würde es dagegen vor allem um angemessene methodisch-didaktische Modifikationen des Unterrichts gehen. Hier würden entsprechend eher beratende Tätigkeiten im Vordergrund stehen.

Abgesehen von diesen offensichtlichen, die SchülerInnen unmittelbar betreffenden Aspekten, spielen in der Gestaltung der Kooperation aber auch ganz andere Faktoren eine Rolle, wie z.B. die Fragen,

- ob weitere sonderpädagogische Lehrkräfte anderer Förderschwerpunkte in der Klasse tätig sind oder nicht,
- ob zur individuellen Unterstützung von dem oder der SchülerIn eine Unterrichtsbegleitung bzw. Assistenzkraft eingesetzt ist oder nicht,
- und – nicht zuletzt – ob die „Chemie" zwischen den Beteiligten stimmt oder eher problematisch erscheint.

2.5 Spezifische Bildungsinhalte

SchülerInnen mit Blindheit oder Sehbehinderung, die zielgleich inklusiv beschult werden, haben unter Berücksichtigung möglicher Nachteilsausgleiche (Kap. 3) die curricularen Vorgaben der besuchten Schule zu erfüllen.

Aufgrund der Sehbeeinträchtigung oder Blindheit bestehen darüber hinaus jedoch spezifische Lernfelder bzw. Lernbedürfnisse, die sich direkt oder indirekt aus der Einschränkung oder dem Fehlen des Sehvermögens ergeben.

Es reicht daher nicht aus, wenn SchülerInnen mit Sehbeeinträchtigung oder Blindheit im Rahmen der inklusiven Schule die jeweiligen fachspezifischen Kompetenzen in z.B. Deutsch, Mathematik oder Biologie erwerben. Zur Realisierung ihres Anspruchs auf umfassende Teilhabe gehören auch Lernfelder, die vorrangig auf die Stärkung der Selbst- und Sozialkompetenz unter der Entwicklungsbedingung einer Sehschädigung ausgerichtet sind. Innerhalb der sonderpädagogischen Fachliteratur wird diesbezüglich auch von einem *„Spezifischen" oder „Dualen" Curriculum oder einem „Erweiterten Bildungs- und Erziehungsangebot"* gesprochen (u.a. Rath 1997; Degenhardt et al. 2016).

Gemeint sind vor allem folgende Inhalte bzw. Lernfelder (Tab. 4):

- Förderung sensorischer und (psycho)motorischer Fähigkeiten und Fertigkeiten
- Förderung der Identitätsentwicklung und sozialen Kompetenz
- Erwerb lebenspraktischer Fähigkeiten
- Stärkung eigenständiger Orientierung und Mobilität
- Förderung ästhetischer Erziehung
- Förderung der Begriffsbildung
- Vermittlung spezifischer Schrift- und Kommunikationstechniken
- Förderung blinden- oder sehbehindertenspezifischer Arbeitstechniken
- Einübung in den Gebrauch assistiver Technologien

In manchen Ländern sind die skizzierten spezifischen Lernfelder im Rahmen sonderpädagogischer Lehrpläne im Förderschwerpunkt Sehen festgeschrieben.

Verantwortlich für die Gestaltung der entsprechenden Angebote sind vorrangig die zuständigen Mitarbeitenden des jeweiligen sonderpädagogischen Unterstützungssystems. Ergänzend oder alternativ können freiberuflich tätige Fachleute (z.B. Rehabilitationslehrkräfte) hinzugezogen werden.

Tab. 4: Beispiele spezifischer Bildungsinhalte

Aspekt	Konkretisierung
lebenspraktische Fähigkeiten	Ein Schüler mit Blindheit erlernt spezifische Techniken, die es ihm ermöglichen, ein scharfes Messer ohne optische Kontrolle sicher zu handhaben oder sich ohne fremde Hilfe ein Glas Saft einzuschenken.
sensorische Fähigkeiten und Fertigkeiten	Unter dem Aspekt der Seherziehung erlernt eine Schülerin mit hochgradiger Sehbeeinträchtigung spezifische visuelle Strategien und die effektive Nutzung optischer Hilfsmittel (z.B. Einsatz eines Monokulars).
Orientierung und Mobilität	Ein Schüler mit Blindheit erlernt seinen Schulweg unter Nutzung seines Langstockes eigenständig zu bewältigen und dabei Kreuzungen im Straßenverkehr akustisch zu analysieren und letztlich gefahrlos zu überqueren.
spezifische Schriftsysteme	Eine Schülerin mit Blindheit erlernt die Brailleschrift („Punktschrift").
(psycho)motorische Fähigkeiten und Fertigkeiten	Ein Schüler mit hochgradiger Sehbeeinträchtigung verbessert sein Körperbewusstsein und sein Körperschema im Rahmen einer psychomotorischen Fördermaßnahme.

Recht auf Freizeit

Ein Teil der entsprechenden spezifischen Förderung kann ggf. auch außerhalb der Schule am Nachmittag stattfinden. Dies allein reicht aber nicht aus, zumal natürlich auch SchülerInnen mit Sehbeeinträchtigung oder Blindheit ein Recht auf ausreichende Erholung und Freizeit haben. Es darf auch nicht übersehen werden, dass der Schulalltag durch das verstärkte Ausmaß der visuellen und/oder auditiven Konzentration für viele dieser Kinder und Jugendlichen überdurchschnittlich anstrengend und ermüdend ist und die Arbeitsbelastung am Nachmittag begrenzt bleiben muss. Inhalte des spezifischen Curriculums sollten daher so weit wie möglich in den normalen Schulalltag integriert werden.

2.6 Förderplan

Die besondere pädagogische Herausforderung besteht – insbesondere bei zielgleicher Unterrichtung – in der konkreten individuellen Verzahnung des allgemeinen und *spezifischen Curriculums* (Abb. 4). Ein Ansatzpunkt zur Festschreibung der entsprechenden individuell akzentuierten Bildungs- und Erziehungsziele kann der in vielen Ländern verpflichtende sonderpädagogische Förderplan sein. In Abstimmung mit allen Beteiligten (Lehrkräfte der inklusiven Schule, sonderpädagogische Lehrkraft, Eltern, ggf. der oder die SchülerIn selbst) bietet er die Möglichkeit, Förderziele und Maßnahmen konkret im Unterrichtsalltag zu verorten.

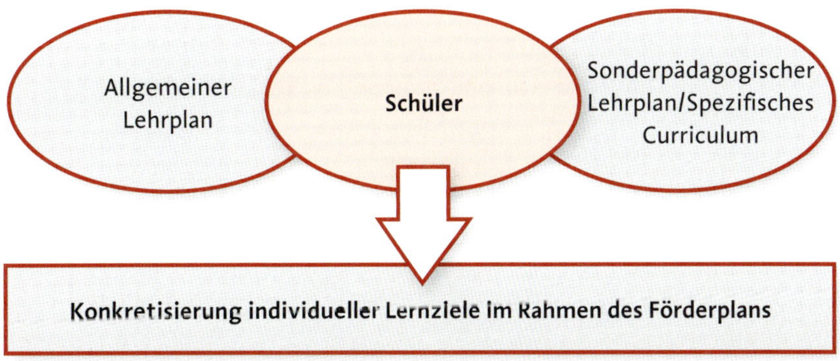

Abb. 4: Zusammenwirken von allgemeinem Lehrplan und sonderpädagogischem Lehrplan/spezifischem Curriculum

Beispiele für Umsetzungsmöglichkeiten des Förderplans

- Der im Unterrichtsfach Deutsch leistungsstarke Schüler mit Sehbeeinträchtigung nimmt phasenweise nur an drei der vier Wochenstunden Deutsch teil. Die vierte Stunde wird dazu genutzt, Fertigkeiten in der Handhabung seines Monokulars (Kap. 4) zu verbessern.
- Während die MitschülerInnen im Rahmen einer sechsstündigen Unterrichtsreihe in Geometrie komplexe Konstruktionen erlernen, nutzt der Schüler mit Blindheit im Rahmen einer Einzelförderung vier Stunden, um grundlegende blindenspezifische Arbeitstechniken zu erwerben. In zwei weiteren Stunden weist er exemplarisch die Fertigkeit nach, einfache Konstruktionsaufgaben lösen zu können.
- Die Schülerin mit hochgradiger Sehbeeinträchtigung erhält im Rahmen des Sportunterrichts in einer Kleingruppe eine Förderung zur Schulung der Koordination, während die übrigen SchülerInnen der Klasse Volleyball spielen.

Recht auf spezifische Förderung

Entscheidend ist das gemeinsame Bewusstsein aller beteiligten Lehrkräfte und pädagogischen Bezugspersonen, dass SchülerInnen mit Sehbeeinträchtigung oder Blindheit im Rahmen einer inklusiven Schule ein Anrecht auf spezifische individuelle Förderung haben. Zur Realisierung dieses Anspruchs müssen curriculare Vorgaben entsprechend akzentuiert bzw. modifiziert werden. Dies kann nur im Konsens aller Beteiligten geschehen.

Freie und Hansestadt Hamburg, Behörde für Schule und Berufsbildung (2015): Handreichung Inklusive Bildung und sonderpädagogische Förderung. In: www.hamburg.de/contentblob/4375226/70167ca0176f3ae447708566c4a899b6/data/diagnostik-download.pdf

Philipp, E. (2014): Multiprofessionelle Teamentwicklung. Beltz Pädagogik, Weinheim und Basel

Memo

Spezifische Aufgaben, Lernfelder und Fördermaßnahmen

✓ Die Aufgaben der sonderpädagogischen Unterstützungssysteme in der Inklusion beziehen sich vor allem auf die Beratung und Unterstützung der SchülerInnen und ihrer Lehrkräfte vor Ort. Zusätzlich werden spezifische Lerninhalte häufig in Form von Kursen angeboten (Kap. 2.3).

✓ Spezifische Inhalte und Lernfelder bestehen beispielsweise in den Bereichen Motorik, Lebenspraxis, Soziale Kompetenz, Begriffsbildung und Nutzung assistiver Technologien (Kap. 2.5).

✓ Allgemeines und spezifisches Curriculum müssen miteinander verzahnt werden (Kap. 2.6).

3 Nachteilsausgleich

In diesem Kapitel wird der Begriff des Nachteilsausgleichs im Rahmen der Inklusion von SchülerInnen mit dem Förderbedarf Sehen erläutert. Vor dem Hintergrund der rechtlichen Vorgaben werden Entwicklungsaspekte und Lebenserschwernisse, aus denen sich ggf. die Notwendigkeit der Gewährung eines Nachteilsausgleichs ableiten lassen, skizziert. Exemplarische Beispiele zur Verdeutlichung schließen das Kapitel ab.

3.1 Rechtliche Grundlage

Der im Rahmen der Inklusion von SchülerInnen mit Förderbedarf gebräuchliche Begriff des Nachteilsausgleichs steht in Deutschland, Österreich, der Schweiz und Liechtenstein in Bezug zu grundlegenden rechtlichen Bestimmungen im Rahmen der jeweiligen Verfassungen bzw. des Grundgesetzes. Zentrale Rechtsgüter, die in nachrangigen Gesetzen, wie z. B. in Deutschland in den Sozialgesetzbüchern (SGB) oder dem Behindertengleichstellungsgesetz (BGG), weiter ausgeführt werden, sind die folgenden Maximen:

- Alle Menschen sind vor dem Gesetz gleich.
- Niemand darf wegen seiner Behinderung benachteiligt werden.

3.2 Nachteilsausgleich in der Schule

Was ist gemeint?

Der Nachteilsausgleich bezieht sich im schulischen Zusammenhang auf die jeweiligen Leistungsanforderungen und Leistungsnachweise. Er gilt schulartübergreifend. Zielsetzung ist, im schulischen Zusammenhang aus der Behinderung bzw. dem Förderbedarf entstehende Nachteile angemessen auszugleichen. Die konkreten Formen des möglichen Nachteilsausgleichs müssen sowohl der Chancengleichheit aller als auch dem Benachteiligungsverbot Einzelner gerecht werden (Abb. 5).

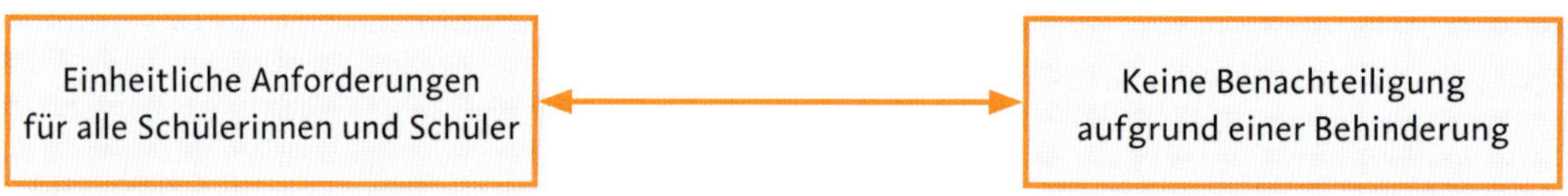

Abb. 5: Spannungsfeld zwischen Gleichbehandlung und Nachteilsausgleich

> Adaptierte bzw. differenzierte Leistungsanforderungen und -nachweise stellen daher keine „Bevorteilung" von SchülerInnen mit Förderbedarf Sehen dar, sondern sind ein wichtiger und notwendiger Bestandteil einer inklusiven Schule.

individuelle Festlegung

Es entspricht der Intention des Nachteilsausgleichs, dass es keine pauschale Festlegung über die Formen und das Ausmaß eines zu gewährenden Nachteilsausgleichs gibt. Jeder Nachteilsausgleich muss sich an den konkreten Handlungsmöglichkeiten bzw. Einschränkungen der jeweiligen SchülerInnen orientieren und ist individuell zu gestalten. Die Entscheidung über den zu gewährenden Nachteilsausgleich liegt formal in der Regel bei den Schulleitungen.

In den jeweiligen schulrechtlichen Bestimmungen der Länder wird einerseits betont, dass sich der Nachteilsausgleich nicht auf die fachlichen Anforderungen auswirken darf. Andererseits wird beispielhaft auf die Möglichkeit einer differenzierten Aufgabenstellung und -gestaltung verwiesen.

Formen des Nachteilsausgleichs in Schleswig-Holstein (Auswahl aus Zeugnisverordnung)

- verlängerte Arbeitszeiten bei Klassenarbeiten oder verkürzte Aufgabenstellung
- Bereitstellen oder Zulassen spezieller Arbeitsmittel
- eine mündliche statt einer schriftlichen Arbeitsform oder eine schriftliche statt einer mündlichen Arbeitsform
- organisatorische Veränderungen wie zum Beispiel individuell gestaltete Pausenregelungen
- Ausgleichsmaßnahmen anstelle einer Mitschrift von Tafeltexten, z.B. nachträgliche Verschriftlichung oder Erstellung einer Audiodatei durch die Schulbegleitung
- differenzierte Aufgabenstellung und -gestaltung
- größere Exaktheitstoleranz, beispielsweise in Geometrie, beim Schriftbild oder in zeichnerischen Aufgabenstellungen
- individuelle Sportübungen

(Ministerium für Bildung und Frauen Schleswig-Holstein 2008)

3.3 Gründe für einen Nachteilsausgleich

Mit keinen anderen Sinnesorganen können wir mehr und schneller Informationen aufnehmen als mit unseren Augen. Eine starke Einschränkung oder das Fehlen des Sehens kann die Entwicklung und das Lernen entsprechend erschweren. In Bezug auf die möglichen Auswirkungen lassen sich prinzipiell unterschiedliche Ebenen unterscheiden, aus denen sich ggf. die Notwendigkeit eines Nachteilsausgleichs ableiten lässt (Kap. 1).

Ebene 1

Entwicklungsaspekte – die psychomotorische Entwicklung: Als sekundäre Folgen fehlender oder stark eingeschränkter visueller Wahrnehmungsmöglichkeiten können sich ein relativ unsicheres Körperschema (Rechts – Links – Oben – Unten) und der erschwerte Aufbau räumlicher Begriffe (Größenverhältnisse, Perspektiven, Dreidimensionalität) zeigen. Dies kann beispielsweise im Rahmen des Mathematikunterrichts die Erfassung komplexer geometrischer Strukturen (z.B. Formen, Körper, Flächen, Winkel) erschweren, was im Rahmen des Nachteilsausgleichs entsprechende Berücksichtigung finden muss.

Ebene 2

Wahrnehmungsaspekte – Schriftzeichen und Mengen: Während Kinder ohne Einschränkungen des Sehvermögens auch ohne pädagogische Anleitung „en passent" frühzeitig mit Mengen oder Schriftzeichen konfrontiert werden (z.B. beim Einkauf im Supermarkt, beim Mitfahren im Auto), sind Kinder mit massiven Sehbeeinträchtigungen auf eine bewusste pädagogische Hinführung angewiesen. Der einfache Grund dafür liegt in der Tatsache, dass die visuelle Wahrnehmung prinzipiell einen simultanen, auch aus der Ferne möglichen Zugriff auf die Welt ermöglicht, die taktile Wahrnehmung (Nahsinn) dagegen stärker sukzessiv verläuft und auf den Tastraum beschränkt ist.

Ebene 3 **Arbeitstechnische Aspekte – Texterfassung:** SchülerInnen mit dem Förderbedarf Sehen sind z.T. auf spezifische Arbeitstechniken, Hilfsmittel und Strategien angewiesen, die das Arbeitstempo gravierend einschränken können. Für das Lesen eines längeren Textes mit einer Lupe oder einer Lupenbrille braucht z.B. ein Schüler mit einer hochgradigen Sehbeeinträchtigung mehr Zeit als seine MitschülerInnen in der inklusiven Klasse. Ähnliches gilt in Bezug auf beispielsweise eine Schülerin mit Blindheit für das Lesen von Braille oder z.B. die Bearbeitung taktil erfahrbarer Karten (Kap. 4, 5).

3.4 Konkrete Anwendung

Maßnahmen des Nachteilsausgleichs können sich sowohl auf die schulischen Inhalte als auch auf die verschiedenen Leistungsnachweise wie Klassenarbeiten, Klausuren oder Prüfungen beziehen. In der Regel erfolgt die entsprechende Abklärung und ggf. Festlegung in enger Kooperation mit dem sonderpädagogischen Unterstützungssystem (Abb. 6), z.B. dem Förderzentrum (FÖZ) oder dem „Mobilen Dienst“ (MD).

Abb. 6: Festlegung des Nachteilsausgleichs

- Bedenken Sie, dass MitschülerInnen den Nachteilsausgleich möglicherweise als ungerechte Erleichterung („Bevorzugung“) der Schülerin oder des Schülers mit Sehbehinderung oder Blindheit erleben. Erklären und begründen Sie in Abstimmung mit der sonderpädagogischen Lehrkraft ggf. transparent Ihre Maßnahmen, am besten in Zusammenhang mit einer Unterrichtseinheit über das Thema Sehbehinderung/Blindheit und die daraus resultierenden Erschwernisse im Lebens- und Schulalltag.
- Schreiben Sie i.S. einer größeren Verbindlichkeit und Transparenz Grundzüge des Nachteilsausgleichs im Rahmen des Förderplans fest. Eine entsprechende Dokumentation wird in einigen Ländern wie z.B. Nordrhein-Westfalen auch als formale Grundlage für die Gewährung eines Nachteilsausgleichs bei zentralen Prüfungen verlangt.
- Überprüfen Sie ggf. regelmäßig im Dialog mit der Schülerin bzw. dem Schüler, ob die Formen und das Ausmaß des Ausgleichs noch angemessen sind, verändert oder ausgesetzt werden sollten bzw. könnten.

In einigen Fächern ist der Nachteilsausgleich besonders wichtig, wie Tabelle 5 exemplarisch veranschaulicht.

Tab. 5: Beispiele für Nachteilsausgleiche

Anforderung	Ausgangslage	Problem	Mögliche Formen des Ausgleichs
Deutsch: Bildbeschreibung	Die Möglichkeiten der visuellen Wahrnehmung des Schülers mit Sehbehinderung sind deutlich eingeschränkt.	Die Darstellung ist für den Schüler nur schwer zu erfassen.	Wesentliche Merkmale werden in Bezug auf Farbe und Kontrast herausgehoben gestaltet. Die sonderpädagogische Lehrkraft beschreibt verbal wesentliche Elemente der Darstellung. Zeitzugabe
Mathematik: Erstellung bzw. Bearbeitung von Gleichungen	Der blinde Schüler muss in Mathematik ein spezifisches Schriftsystem nutzen, da die Braillezeile nur lineare Darstellungen erlaubt.	Komplexe Gleichungen sind in der Darstellung bzw. Schreibweise ungleich länger bzw. komplexer. Zudem ist aufgrund des taktilen oder auditiven Zugangs der Überblick über die Gleichung gravierend erschwert.	Die Aufgabenmenge wird reduziert. Gleichungen werden ggf. in ihrer Komplexität reduziert. Zeitzugabe
Sport: Basketball	Der Schüler mit hochgradiger Sehbeeinträchtigung verfügt über geringe visuelle Möglichkeiten in der Ferne.	Der Schüler kann das Spielgeschehen (Ball, Laufwege, Mitspieler) nicht visuell sicher kontrollieren.	Der Schüler wird in Übungssituationen so weit wie möglich eingebunden (z.B Dribbeln mit dem Ball); am regulären Spiel selbst nimmt er nicht teil. Seine Leistung beim Thema Basketball fließt nur in Teilaspekten in die Sportnote ein.

KMK (Kultusministerkonferenz) (2011): Inklusive Bildung von Kindern und Jugendlichen mit Behinderungen in Schulen. Beschluss der Kultusministerkonferenz vom 20.10.2011. In: www.kmk.org/fileadmin/Dateien/veroeffentlichungen_beschluesse/2011/2011_10_20-Inklusive-Bildung.pdf

SGB IX (Sozialgesetzbuch): Rehabilitation und Teilhabe behinderter Menschen in der Fassung vom 19. Juni 2001, zuletzt geändert am 8.7.2016. In: www.sozialgesetzbuch-sgb.de/sgbix/1.html

Memo

Nachteilsausgleich – Grundlagen

- Niemand darf wegen seiner Behinderung benachteiligt werden (Kap. 3.1).
- Maßnahmen des Nachteilsausgleichs müssen individuell festgelegt werden (Kap. 3.2).
- Nachteilsausgleich kann beispielsweise die Arbeitszeit, die Hilfsmittelnutzung oder das Aufgabenformat betreffen (Kap. 3.2).

4 Unterricht für SchülerInnen mit Sehbehinderungen

SchülerInnen mit Sehbehinderungen benötigen spezifische didaktische Maßnahmen. Das Kapitel gibt einen Überblick über die fünf sehbehindertenspezifischen Prinzipien: Vergrößerung, Kontrasterhöhung, Beleuchtungsoptimierung, Komplexitätsreduktion und Auswahl eines geeigneten Sitzplatzes. Notwendige Hilfsmittel und unterrichtliche Maßnahmen werden vorgestellt und veranschaulicht. Der skizzierte Überblick gilt für SchülerInnen mit okular und zentral bedingten Beeinträchtigungen des Sehens gleichermaßen. Ein besonderes Augenmerk wird auf die Herausforderungen und Lösungsansätze für das Lesen und Schreiben gelegt.

4.1 Didaktische Maßnahmen und Hilfsmittelversorgung für SchülerInnen mit Sehbehinderungen

Ein wesentliches Ziel sehbehindertenpädagogischer Unterstützung von Kindern und Jugendlichen ist, die visuelle Wahrnehmungsleistung zu verbessern. Dies kann durch Maßnahmen zur Verbesserung der Reizaufnahme (z.B. durch Versorgung mit Brille, Lupe etc.), durch Optimierung der Wahrnehmungssituation (z.B. durch Kontrastverstärkung oder Anpassung der Beleuchtung) und durch Unterstützung bei der Reizverarbeitung (z.B. durch strukturierte und der individuellen Lernvoraussetzung angepasste Unterrichtsmethoden) geschehen.

Um Lernarrangements möglichst optimal an die Bedarfe von Kindern und Jugendlichen mit Sehbehinderungen anzupassen, sollten grundsätzlich fünf Aspekte berücksichtigt werden, die in der Folge zu jeweils individualisierten Maßnahmen und zu angepassten Hilfsmittelausstattungen führen. Henriksen und Laemers (2016, 157) nennen diesbezüglich:

- Vergrößerung
- Verbesserung von Kontrasten
- Beleuchtung
- Reduzierung von Komplexität
- Platzierung

„Die glorreichen Fünf“ – Konsequenzen und Maßnahmen aus der Einschätzung des Funktionalen Sehens. In: Henriksen, A., Laemers, F. (2016): Funktionales Sehen. Diagnostik und Intervention bei Beeinträchtigungen des Sehens. Edition Bentheim, Würzburg, 157–192

4.1.1 Vergrößerung

SchülerInnen mit Sehbehinderungen müssen in die Hilfsmittelnutzung intensiv eingeführt werden. Diese Aufgabe übernimmt das sonderpädagogische Unterstützungssystem.

Annäherung

Die einfachste und in der Praxis am häufigsten angewandte Möglichkeit, eine Vergrößerung zu erzielen, ist die Annäherung. Voraussetzung hierfür ist eine ausreichende *Akkommodationsfähigkeit,* d.h. dass die Linse in der Lage ist, Objekte in geringem Abstand zum Auge scharf auf der Netzhaut abzubilden. Wird beispielsweise der übliche Leseabstand von ca. 25 cm auf die Hälfte reduziert, entsteht eine zweifache Vergrößerung des Netzhautbildes. Eine starke Akkommodation bei langandauernden und komplexen Sehaufgaben kann bei dem oder der SchülerIn jedoch zu raschem Ermüden oder zu

Begleiterscheinungen wie Kopfschmerzen führen. Darüber hinaus erfordert ein Arbeiten im extremen Nahbereich Anpassungen hinsichtlich der Arbeitsplatzergonomie, sodass beispielsweise ein höhenverstellbarer Schreibtisch mit neigungsvariabler Tischplatte notwendig wird, um eine aufrechte Sitzposition zu gewährleisten. Grundsätzlich kann die Strategie „Vergrößerung durch Annäherung“ nur im Kindesalter optimal genutzt werden, da die Akkommodationsfähigkeit ab dem zehnten Lebensjahr kontinuierlich abnimmt. Bei Kindern mit Sehbehinderungen kann bedingt durch die Augenerkrankung auch bereits im Kindesalter die Akkommodationsfähigkeit eingeschränkt sein.

Lupen und Lupenbrillen

Reicht die Vergrößerung durch Annäherung nicht aus, können zusätzlich optisch vergrößernde Hilfsmittel eingesetzt werden. Im schulischen Kontext wird hierbei bei Kindern im Grundschulalter häufig die Visolettlupe verwendet, da sie einfach zu handhaben ist und fest auf das Lesegut aufgestellt werden kann. Auch hier muss das Auge nah an die Lupe herangeführt werden, damit höhere Vergrößerungen erzielt werden können. Im Gegensatz zum Einsatz von Lupen können Lupenbrillen auch bei herabgesetzter Akkommodationsfähigkeit eingesetzt werden. Zudem sind sie auch für Schreibaufgaben und Bastelarbeiten geeignet, da die Hände frei bleiben.

elektronische Vergrößerungshilfen

Sehr hohe Vergrößerungen im Nahbereich ermöglichen elektronische Hilfsmittel wie elektronische Lupen, Bildschirmlesegeräte oder mobile Kamerasysteme. Hier lassen sich nicht nur individuelle Vergrößerungen realisieren, sondern auch Anpassungen hinsichtlich Farbe und Kontrast. Das Schreiben am Bildschirmlesegerät oder mit mobilen Kamerasystemen ist allerdings übungsintensiv, da die Schreibbewegungen stark vergrößert am Bildschirm verfolgt werden.

Großdruck

Manche SchülerInnen bevorzugen aufgabenbezogen anstelle der vorab aufgeführten optischen oder elektronischen Hilfsmittel individuell auf ihre Bedürfnisse hin ausgerichteten Großdruck. Großdruck kann zudem beispielsweise bei Gruppenarbeiten oder für Aufgaben an Lernstationen sinnvoll sein, wenn das vergrößernde Hilfsmittel (z.B. Bildschirmlesegerät) nicht zur Verfügung steht. Bei der Erstellung von Großdruck werden in Absprache mit den Lehrkräften des sonderpädagogischen Unterstützungssystems z.B. Schriftgröße, Schriftart, Zeilenabstände oder Absätze der Texte individuell angepasst. Ein solcher individueller Großdruck ist nicht zu verwechseln mit Großkopien. Das „schnelle“ Großkopieren von A4 auf A3 entspricht lediglich einem Vergrößerungsfaktor von 1,4 und ist deshalb nur für wenige SchülerInnen eine sinnvolle Alternative, zumal die Qualität der Kopien häufig eher schlecht ist.

Vergrößerungen im Fernbereich

Für Sehaufgaben in der Ferne (z.B. Erkennen eines Tafelanschriebs) eignen sich kleine Fernrohre (Monokulare) oder elektronische Kamerasysteme. Kamerasysteme können fest am Bildschirmlesegerät montiert sein oder eigenständig als mobiles System in Verbindung mit einem Laptop eingesetzt werden. Für die Projektion des Kamerabildes wird dann der Monitor des Bildschirmlesegerätes oder der Laptopbildschirm verwendet, sodass auch eine geteilte Bildschirmdarstellung (Kamerabild und Textdokument) möglich ist. Tabelle 6 gibt einen Überblick über wesentliche Hilfsmittel und skizziert etwaige Vor- und Nachteile nach Henriksen und Laemers (2016).

Tab. 6: Übersicht über sehbehindertenspezifische Hilfsmittel (nach Henriksen/Laemers 2016)

Hilfsmittel	Vorteil	Nachteil	Abbildung
Visolettlupe („Lesestein")	▪ preiswert ▪ einfache Handhabung	▪ abhängig von Akkommodationsfähigkeit ▪ nicht für das Schreiben etc. geeignet	
Lupenbrille (für Kinder/Jugendliche als Bifokalbrille mit erhöhter Nahaddition im unteren Teil)	▪ Hände sind frei ▪ größeres Sehfeld als bei der Lupe ▪ bei nachlassender Akkommodation einfach anpassbar	▪ Leseständer oder Konzepthalter erforderlich	
Bildschirmlesegerät	▪ hohe Vergrößerung ▪ Kontrasterhöhung möglich ▪ ergonomische Haltung ▪ in Verbindung mit einem Kamerasystem auch für den Fernbereich	▪ in der Regel stationär ▪ Schreiben muss eingeübt werden	
Mobiles Kamerasystem	▪ Nah- und Fernbereich ▪ hohe Vergrößerung ▪ Kontrasterhöhung möglich ▪ Computerbildschirm als Projektion	▪ für jüngere SchülerInnen nur eingeschränkt transportabel (Auf-/Abbau) ▪ Schreiben muss eingeübt werden	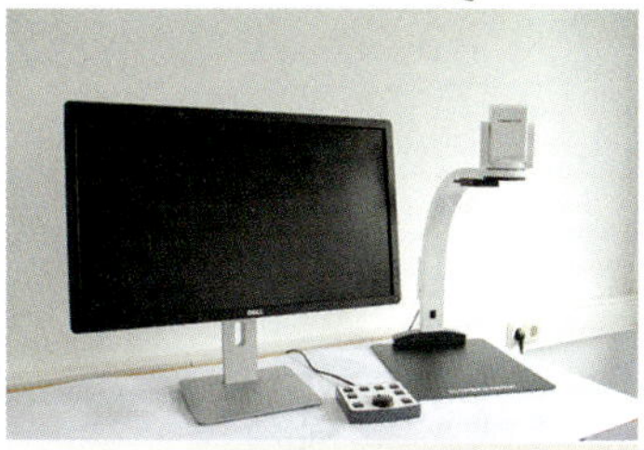
Monokular	▪ transportabel ▪ nicht elektronisch und damit mobil sofort und jederzeit nutzbar	▪ kleines Sehfeld bei hoher Vergrößerung	

4.1.2 Verbesserung von Kontrasten

Auf Arbeitsblättern, aber auch bei der Gestaltung von Räumen und Arbeitsplätzen sollte auf gute Kontrastierung geachtet werden. Die Verwendung von Farben mit hohen Leuchtdichteunterschieden (z.B. Schwarz und Weiß, Schwarz und Gelb, Gelb und Dunkelblau) kann die visuelle Wahrnehmungsleistung deutlich verbessern. Die Struktur eines Plakates oder die Gestalt einer Figur können durch Nachzeichnen von Konturlinien mit einem schwarzen Stift oftmals mit geringem Aufwand hervorgehoben werden. Der Einsatz farblich flexibler Schreibtischunterlagen schafft rasch kontrastreiche Umgebungsbedingungen, die das Lernen und Bewältigen von Aufgaben grundlegend erleichtern (z.B. weiße Wortkärtchen werden auf einer dunkelblauen Unterlage sortiert).

4.1.3 Optimierung der Beleuchtung und Vermeidung von Blendung

Grundsätzlich sollte die Beleuchtung ausreichend hell und blendfrei gestaltet werden. Deckenleuchten mit einem hohen Anteil indirekten Lichts, das über die Decke in den Raum reflektiert wird, vermindern sowohl eine direkte Blendung als auch die indirekte Blendung über Lichtreflexion durch glatte Oberflächen wie Tischplatten, folierte Arbeitsblätter oder hochglänzende Buchseiten. Um die notwendige Helligkeit zu erzielen, werden oftmals zusätzlich zur Raumbeleuchtung individuelle Arbeitsplatzleuchten eingesetzt. Diese Leuchten müssen aufgrund des geringen Arbeitsabstandes der Kinder und Jugendlichen Kaltlichtlampen (z.B. LED-Lampen) sein, die die gesamte Arbeitsfläche gleichmäßig ausleuchten.

Zur Vermeidung von Blendung ist auf die Position des Sitzplatzes der Schülerin bzw. des Schülers zu achten (Kap. 4.1.5). Darüber hinaus können spezielle Brillen (Kantenfilterbrillen), die die blendungsverursachenden Blauanteile des Lichts herausfiltern, oder das Tragen von Schirmmützen helfen.

4.1.4 Reduzierung von Komplexität

Sowohl für Kinder und Jugendliche mit zerebral bedingten Sehbeeinträchtigungen als auch bei Sehbehinderungen, deren Ursachen in einer Störung der Funktionstüchtigkeit der Augen liegen, bewirken Komplexitätsreduktionen ein erleichtertes Lernen. Lernumgebungen, die klar strukturiert sind und wenig visuelle Ablenkung enthalten, erleichtern die Orientierung sowie das visuelle Suchverhalten und ermöglichen eine raschere und vereinfachte Informationsaufnahme.

Arbeitsblätter Bei der Gestaltung von Arbeitsblättern sollte dringend auf eine klare Gliederung (z.B. deutliches Hervorheben von Überschriften, ausreichender Zeilenabstand und Freiraum zwischen Absätzen) geachtet werden. Bildmaterial und Grafiken müssen ggf. durch das Löschen unwichtiger Details oder dem Nachzeichnen von Konturen per Bildbearbeitungssoftware nachbearbeitet werden.

Klassenraum Auch für die Klassenraumgestaltung gilt der Grundsatz der Komplexitätsreduktion: Arbeitstische und Regale können den Klassenraum gliedern. Das Anbringen von Plakaten, Merksätzen etc. an den Wänden sollte strukturiert erfolgen, wobei der Grundsatz „weniger ist mehr" hilfreich sein kann.

4.1.5 Auswahl eines geeigneten Sitzplatzes

Sowohl der Sitzplatz des Kindes oder Jugendlichen als auch die Anordnung der Lernmaterialien spielen eine wichtige Rolle für das Gelingen von Lernprozessen. Der Arbeitsplatz der SchülerInnen mit Sehbeeinträchtigungen sollte so gewählt werden, dass Blendung und Gegenlichtsituationen vermieden werden.

Am Arbeitsplatz selbst ist auf größtmögliche Ergonomie und Informationszugänglichkeit zu achten:

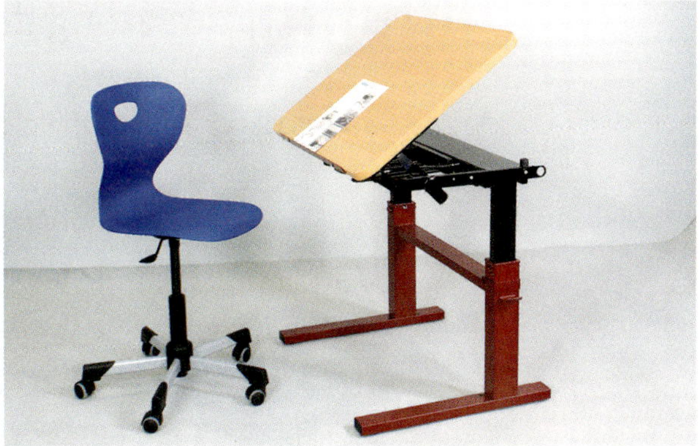

Abb. 7: Arbeitstisch mit höhen- und neigungsverstellbarer Tischplatte

- Die Lernmaterialien sollten leicht zugänglich sein.
- Stuhl und Tisch sollten so eingestellt werden können, dass ein aufrechtes Arbeiten möglich ist (Tische mit neigungsverstellbarer Tischplatte wie in Abbildung 7; eine Magnetauflagefläche ermöglicht das Fixieren von Lesetexten).
- Bei der Präsentation von Lernmaterialien müssen etwaige Gesichtsfeldausfälle berücksichtigt werden, d.h. Gegenstände oder Bilder müssen im jeweiligen Wahrnehmungsbereich angeboten werden.
- Trotz der unter Umständen vielfältigen technischen Hilfsmittel (z.B. Kamerasystem, Computer mit Großbildschirm) sollte der Arbeitsplatz nicht isoliert von den MitschülerInnen im Klassenraum angeordnet sein, sondern so, dass die Kommunikation in der Klasse und mit der Lehrperson ungehindert möglich ist.
- Es gilt, die bestmögliche Sicht auf Tafel und Projektionsflächen sicherzustellen. Dies ist in der Regel dann der Fall, wenn der bzw. die SchülerIn vorne in Tafelnähe sitzt.

4.2 Computerarbeitsplatz

Ein sehbehindertenspezifisch ausgestatteter Computerarbeitsplatz ermöglicht ein ergonomisches Arbeiten mit individuell einstellbaren Parametern wie Vergrößerung und Kontrast (v.a. hinsichtlich Schriftfarbe und Hintergrund). Die Computeransteuerung per Maus ist für viele SchülerInnen mit Sehbeeinträchtigungen sehr häufig ineffektiv, da aufgrund der notwendigen Vergrößerung der Bildschirmüberblick rasch verloren geht. Eine geeignete und alle Funktionen umfassende Ansteuerung erfolgt daher über die Tastatur mittels Shortcut-Tastenkombinationen.

Ein Computerarbeitsplatz enthält zwingend einen schwenkbaren Monitorarm, sodass die SchülerInnen bei aufrechter Sitzhaltung eine Vergrößerung durch Annäherung erzielen können. Um die Übersichtlichkeit auch bei hohem Vergrößerungsbedarf zu verbessern, kann ein Großbildschirm (ab 24 Zoll) hilfreich sein.

professionelle Vergrößerungssoftware am PC

Reichen die standardmäßigen Vergrößerungs- und Einstellungsmöglichkeiten handelsüblicher PC-Betriebssysteme nicht aus, wird eine spezielle Vergrößerungssoftware benötigt, die auch bei starker Vergrößerung eine kantenglatte Buchstabendarstellung und ein scharfes Bild ermöglicht. Darüber hinaus lassen sich mit derartiger Spezialsoftware individuelle Cursor- und Mauszeigerdarstellungen wählen. Jede professionelle Vergrößerungssoftware enthält optional eine zuschaltbare Sprachausgabe, sodass sich SchülerInnen mit hochgradigen Sehbehinderungen längere Textpassagen vorlesen lassen können. Um MitschülerInnen hierbei nicht zu stören, ist die Verwendung von Kopfhörern unabdingbar.

Tablet-Nutzung

MacOS-basierte Computerysteme (z.B. Macbook) und mobile IOS-Geräte (z.B. iPad) enthalten standardmäßig bereits umfassende Bedienungshilfen, die eine Vergrößerung, einen auditiven Informationszugang und eine Spracheingabemöglichkeit beinhalten, die für Menschen mit Sehbeeinträchtigungen sehr nützlich sein können. Tablets mit Android- oder Windows-Betriebssystemen setzen zunehmend ebenfalls technische Hilfen zur Erhöhung der Barrierefreiheit ein. Inwieweit die Tablet-Nutzung eine Hilfsmittelfunktion übernehmen kann, muss im Rahmen einer umfassenden Hilfsmitteldiagnostik durch sehbehindertenspezifisch ausgebildete SonderpädagogInnen erörtert werden. Die Vorzüge einer Tablet-Ausstattung betreffen insbesondere die große Gerätemobilität und die stigmatisierungsfreie Gerätenutzung. Darüber hinaus bietet die Vielfalt der Anwendungen (Apps) Unterstützungsmöglichkeiten in unterschiedlichen Bereichen an (z.B. Abfotografieren von Tafelbildern, Scannen von Texten, Textverarbeitung, Hilfestellung bei der Orientierung in fremder Umgebung, Farberkennung).

4.3 Hilfreiche unterrichtsorganisatorische und räumliche Rahmenbedingungen

Raumgestaltung

Für die Klassenraumgestaltung ist nicht nur die Position des Sitzplatzes der Schülerin bzw. des Schülers wichtig (Kap. 4.1.5), sondern auch die Zugänglichkeit beispielsweise zu Materialregalen, zur Tafel oder zur Eingangstür. Die Tischanordnung sollte eine klare Struktur haben und möglichst stabil bleiben, sodass sich der oder die SchülerIn mit Sehbeeinträchtigung selbstständig orientieren kann. Es ist wichtig, die MitschülerInnen dafür zu sensibilisieren, dass herumliegende Schultaschen und Sportbeutel oder frei stehende Stühle unnötige und gefährliche Stolperfallen darstellen.

Tafelanschrieb und Whiteboard-Einsatz

Um die Informationsaufnahme bei Tafelanschrieben zu erleichtern, sollte die Lehrperson handlungsbegleitend verbalisieren, was gerade angeschrieben wird. Wie bei der Gestaltung von Arbeitsblättern (Kap. 4.1.2) ist auch beim Tafelbild auf eine gute Kontrastierung zu achten (z.B. weiße oder gelbe Kreide auf dunkelblauer und dunkelgrüner Tafel). Gute Möglichkeiten zur Kontrastoptimierung, insbesondere bei farbigen Anschrieben oder Schaubildern, bieten Projektionen mittels *Whiteboards*. Zudem kann der Whiteboard-Anschrieb als digitales Dokument zugänglich gemacht werden.

Kommunikation im Unterricht

Kommunikationssignale, die über Mimik oder Gestik ausgedrückt werden, sind für SchülerInnen mit Sehbehinderungen oftmals nur schwer erkennbar bzw. nicht zweifelsfrei zu deuten. Die Steuerung von Kommunikationsprozessen, wie das Aufrufen von SchülerInnen oder das Loben für gelungene Mitarbeit, sollten deshalb konsequent verbalisiert erfolgen. Für das Aufrufen von Redebeiträgen bedeutet dies, dass von der Lehrperson jeweils die Namen der SchülerInnen genannt werden.

4.4 Lesen

reduzierte Lesegeschwindigkeit

Ein hoher Vergrößerungsbedarf, die mangelnde Text- und Wortübersicht sowie die Schwierigkeit, Buchstabenformen zu unterscheiden oder Buchstaben- und Wortgrenzen deutlich wahrzunehmen, können die Lesegeschwindigkeit drastisch reduzieren. Die Lesegeschwindigkeit kann in Folge einer Sehbehinderung im Vergleich zum Lesetempo bei unbeeinträchtigten Leseprozessen um mehr als die Hälfte reduziert sein. Leseaufgaben sollten deshalb strukturiert und dem Lesetempo angemessen gestaltet werden. Nachteilsausgleiche in Form von Zeitverlängerung und Hilfsmitteleinsatz (u. U. unterstützende Verwendung einer Sprachausgabe) können zwingend notwendig sein (Kap. 3).

Hilfsmittel

Die Verwendung von Vergrößerungshilfen (z. B. Lupe, Bildschirmlesegerät) muss intensiv eingeübt werden, damit diese effektiv für Leseaufgaben benutzt werden können. Vor allem der Zeilensprung stellt eine Herausforderung für einen fließenden und bruchlosen Leseprozess dar und setzt eine sichere Hilfsmittelnutzung voraus.

Zur Erleichterung der Orientierung im Text können Lesehilfen wie Leseschablonen oder Lesefenster eingesetzt werden.

4.5 Schreiben

Das Schreiben von Hand stellt hohe Anforderungen an die Auge-Hand-Koordination und fällt SchülerInnen mit Sehbeeinträchtigung oftmals schwer. Bezüglich des Schreibens sollten nachfolgende Aspekte berücksichtigt werden:

- Stift- und Papierauswahl sollten auf die individuellen Bedarfe hinsichtlich Kontrastierung (z. B. tiefschwarzer Stift auf weißem Papier) abgestimmt sein. Ein weicher Bleistift oder ein Filzstift sind in der Regel besser geeignet als ein Füller mit blauer Tinte.
- Linienabstände und Linienstärke müssen so gewählt werden, dass die Lineatur von dem bzw. der SchülerIn gut erkannt werden und ein Schreiben in die Zwischenräume gelingen kann. Ein Farbunterschied zwischen Lineatur und Schreibstift kann das Lesen des selbst Geschriebenen erleichtern. Geeignete Lineaturen lassen sich am Computer selbst erstellen oder über einzelne Schulen bzw. über den Hilfsmittelversand beziehen.

Auf der Internetseite www.sbbz-sehen-waldkirch.de/foerderverein/ ist eine beispielhafte Auswahl zu finden.

- Das Schreiben unter dem Bildschirmlesegerät oder mithilfe von Kamerasystemen (Kap. 4.1.1) muss intensiv eingeübt werden, da die am Bildschirm stark vergrößert verfolgten Schreibbewegungen nicht der Eigenwahrnehmung der graphomotorischen Bewegungen entsprechen.

- Kann die eigene Handschrift aufgrund der Sehbeeinträchtigung selbst nicht mehr erlesen werden, wird das Schreiben am Computer mittels Computertastatur erforderlich. Hierfür sollte gegen Ende der Grundschulzeit ein Tastaturtraining zum Erlernen des Zehnfingersystems durchgeführt werden.

4.6 Besonderheiten im Unterricht mit SchülerInnen mit hochgradiger Sehbehinderung: Ein Fallbeispiel

SchülerInnen mit hochgradiger Sehbehinderung können je nach Unterrichtssituation und Aufgabenanforderung sowohl sehbehindertenspezifische als auch blindenspezifische Medien und Strategien benötigen.

Ein Fallbeispiel aus dem Bereich des Lesens und Schreibens soll veranschaulichen, wie beim Vorliegen einer hochgradigen Sehbehinderung verschiedene Kompetenzen sinnvoll ineinandergreifen können.

Fallbeispiel Lesen und Schreiben

Johannes ist 16 Jahre alt und besucht die zehnte Klasse (Visus $^{1}/_{50}$, leichte periphere Gesichtsfeldausfälle):

- Für Leseaufgaben verwendet Johannes ein Bildschirmlesegerät, das er effektiv einsetzt. Er liest mit einer Lesegeschwindigkeit von etwa 55 Wörtern pro Minute – seine nicht sehbeeinträchtigten MitschülerInnen lesen im Schnitt mehr als doppelt so schnell.
- Da er seine Handschrift selbst nicht lesen kann, fertigt er über eine Computertastatur digitale Textdokumente an, die für ihn mithilfe einer Vergrößerungssoftware gut zugänglich sind.
- Muss Johannes längere Texte bearbeiten, nutzt er die Sprachausgabe seiner Vergrößerungssoftware. Hier erreicht er eine Lese- bzw. Hörgeschwindigkeit, die seiner Altersgruppe entspricht.
- Johannes hat vor einem Schuljahr die Brailleschrift erlernt. Er beherrscht alle Buchstaben und kann einzelne Wörter gut identifizieren. Das Lesen von Texten in Brailleschrift ist für ihn noch äußerst mühsam. Dennoch kann er seine Braillekenntnisse im Schulalltag nutzen.
- Bei Präsentationen und Kurzvorträgen hat Johannes das Problem, dass er während des Vortrags keine Notizen oder Ausdrucke mit Stichwörtern visuell erlesen kann. Seine Gliederungspunkte und wenige inhaltliche Schwerpunkte notiert er deshalb in Brailleschrift. Diese wenigen Stichpunkte kann er problemlos und unauffällig parallel zum Vortrag nutzen. Er muss nun nicht mehr jede Präsentation vollständig auswendig lernen.

Memo

Unterstützungsmöglichkeiten von SchülerInnen mit Sehbehinderung im Unterricht

✓ Die fünf zentralen sehbehindertenspezifischen Maßnahmen betreffen Vergrößerung, Kontrastverbesserung, Beleuchtung, Komplexitätsreduktion und Platzierung (Kap. 4.1).

✓ Moderne Informationstechnologie kann eine umfassende Teilhabe unterstützen (Kap. 4.2).

✓ Bei Lese- und Schreibaufgaben sind in der Regel vielfältige Anpassungen notwendig (Kap. 4.3, 4.4).

5 Unterricht für SchülerInnen mit Blindheit

In diesem Kapitel stehen SchülerInnen im Mittelpunkt, die über keine relevanten visuellen Wahrnehmungsmöglichkeiten verfügen. Es werden zentrale Problembereiche und Herausforderungen im Rahmen der schulischen Inklusion skizziert und grundlegende pädagogische Herangehensweisen erläutert. Zudem werden hilfreiche Rahmenbedingungen, spezifische Schriftsysteme und methodisch-didaktische Modifikationen des Unterrichts beschrieben. Abschließend werden exemplarisch wesentliche mechanische und elektronische Hilfsmittel bzw. Medien vorgestellt.

5.1 Zentrale Herausforderungen und Konsequenzen

Die besonderen Herausforderungen bei der Inklusion von SchülerInnen mit Blindheit liegen auf unterschiedlichen Ebenen:

1 Blindheit ist sehr selten (Kap. 1). Anders ausgedrückt: Der Besuch eines Schülers oder einer Schülerin mit Blindheit stellt für die aufnehmende Schule i.d.R. eine ganz neue, große Herausforderung dar.

2 Die Regelschule bzw. -pädagogik ist in zentraler Weise auf die Möglichkeit visueller Wahrnehmung ausgerichtet. Alternativen zur visuellen Anschauung (z.B. der Einsatz taktilen Anschauungsmaterials) oder die Arbeit über blindenspezifische Schriftsysteme benötigen i.d.R. deutlich mehr Zeit.

Die Inklusion von SchülerInnen mit Blindheit erfordert differenzierende Unterrichtsangebote, die die spezifischen Wahrnehmungs- und Lernbedingungen berücksichtigen und damit eine stärkere Individualisierung und Handlungsorientierung des Unterrichts bedingen.

Für den pädagogischen Kontext zudem bedeutsam ist die Frage, ob der oder die SchülerIn von Geburt an blind aufgewachsen oder zu einem späteren Zeitpunkt infolge eines Unfalls oder einer Erkrankung erblindet ist. Diese Unterscheidung bezieht sich insbesondere auf das mögliche Ausmaß der sächlichen und sozialen Erfahrungen sowie auf die Möglichkeiten der Kommunikation über Begrifflichkeiten, die vorrangig visuell zu erfahren sind (z.B. „blauer Himmel").

Fragen Sie sich in Bezug auf eine geplante Unterrichtseinheit, was die **zentralen Lernziele** der Einheit sind: Was sollen die SchülerInnen am Ende der Einheit gelernt haben? Welche handlungsorientierten Zugänge gibt es? Überlegen Sie gemeinsam mit der unterstützenden blindenpädagogischen Lehrkraft, an welchen Stellen der bzw. die SchülerIn mit Blindheit differenzierende Angebote – ggf. im Sinne exemplarischen Lernens oder über offene Lernangebote – bekommt. Und bedenken Sie: Von einem handlungsorientierten Unterricht, der bewusst alle Sinne miteinbezieht, profitiert die ganz Klasse – nicht nur der oder die SchülerIn mit Blindheit!

Ein Beispiel aus dem Sachunterricht der Primarstufe zu dem Thema:

„Das Nahrungsmittel Kartoffel"

Reduzieren Sie das Thema nicht auf visuell wahrnehmbare Anschauungsmaterialien oder verbale Beschreibungen, sondern lassen Sie die Kinder das Thema auch in der unmittelbaren handelnden Auseinandersetzung **mit unterschiedlichen Sinnen erleben:**

- Wie fühlt sich eine Kartoffel bzw. eine Knolle an? Sind alle Kartoffeln gleich oder gibt es unterschiedliche Formen?
- Wie leicht/schwer ist eine Kartoffel?
- Wonach riecht eine Kartoffel?
- Wie tief muss man sie in die Erde stecken, wenn eine neue Pflanze heranwachsen soll?
- Wie fühlt sich eine Kartoffelpflanze an? Wie groß wird sie im Vergleich zur eigenen Hand oder zum eigenen Arm?
- …

Ein blindenpädagogischer Zugang „par excellence" wäre in diesem Beispiel das tatsächliche Einpflanzen, das regelmäßige Kontrollieren, ggf. Bewässern und letztliche Ernten und Verarbeiten der Kartoffeln.

5.2 Besonderheiten des Tastens und der Einsatz taktiler Medien

In der inklusiven Schule werden in allen Schulstufen bzw. Schularten visuelle Anschauungsmaterialien eingesetzt, mit denen der Zugang zum Lerngegenstand bzw. das Erreichen des Lernziels unterstützt wird. Immer dann, wenn „Realbegegnungen" nicht möglich oder i. S. der Begriffsbildung nicht mehr notwendig sind, müssen alternativ ggf. taktil wahrnehmbare Materialien eingesetzt werden. Voraussetzung für deren Einsatz ist die Fähigkeit der SchülerInnen mit Blindheit, die taktile Veranschaulichung als Abstraktion des realen Gegenstandes zu begreifen. Diese Erkenntnis kann nur über beispielhafte Lernsituationen – insbesondere im Rahmen der Primarstufe – gewonnen werden, die einem abgestuften pädagogischen Vorgehen folgen: Vom Realgegenstand über ein dreidimensionales Modell zur zweidimensionalen Zeichnung.

taktile Anschauung braucht Zeit

Zu bedenken ist, dass der haptische Wahrnehmungsprozess, in Abhängigkeit von der Größe und der Form des Gegenstandes, stark auf ein sukzessives Vorgehen ausgerichtet ist und i. d. R. deutlich mehr Zeit als die visuelle Wahrnehmung benötigt. Darüber hinaus kann das Tastverhalten durch Negativgefühle (z. B. Ekel) beeinträchtigt sein.

5.2.1 Prinzipien taktiler Anschauung bei Reliefabbildungen

Je älter die SchülerInnen sind, umso häufiger kommen *Reliefabbildungen* zum Einsatz. Reliefabbildungen können aus Plastik sein (Abb. 8) und über Hilfsmittelverlage bzw. das sonderpädagogische Unterstützungssystem bezogen oder ggf. von einer geschulten Unterrichtsbegleitung aus Materialien wie Moosgummi, Wellpappe und Schnur selbst hergestellt werden.

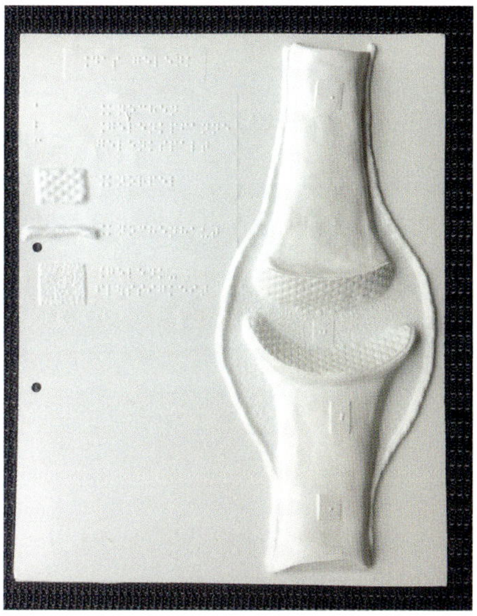

Abb. 8: In Braille beschriftete Reliefabbildung (Gelenk) auf rutschfester Unterlage

Folgende Punkte sind bei der Arbeit mit Reliefabbildungen zu berücksichtigen:

Allgemeine Hinweise zur Gestaltung (Lang 2017, 214f.):

- Das Anschauungsmaterial muss immer an den individuellen Erfahrungshintergrund der SchülerInnen anknüpfen.
- Das Material sollte sich auf die wesentlichen Strukturen des Lerngegenstandes beschränken.
- Komplexe Abbildungen müssen ggf. in taktil erfahrbare „Einzelbilder“ zerlegt werden.
- Ein „taktiles Bild“ sollte nicht größer als die Spannbreite der beiden Hände sein und stets auf einer rutschfesten Unterlage präsentiert werden.
- Flächen, Linien etc. mit unterschiedlicher Bedeutung müssen sich auch in ihrer taktilen Darstellung deutlich unterscheiden.
- Linienüberschneidungen und Überlappungen von Flächen sind, ebenso wie perspektivische Darstellungen, zu vermeiden.

Pädagogische Hilfestellungen am Beispiel einer Schülerin mit Blindheit:

- Erläutern Sie der Schülerin vorab verbal, was das Anschauungsmaterial darstellt und wie es im Groben aufgebaut ist.
- Lassen Sie der Schülerin ausreichend Zeit, sich eine Vorstellung zu erarbeiten.
- Klären Sie falsche Interpretationen ggf. im direkten Dialog.
- Es ist wichtig, dass der oder die SchülerIn sich erst einen Überblick verschafft über das, was auf dem „taktilen Bild“ zu ertasten ist; im Anschluss sollten die Details interpretiert und die Raumbeziehungen erfasst werden.
- Vermeiden Sie, die Hände der Schülerin zu führen. Falls eine Handführung doch notwendig sein sollte, kündigen Sie diese vorher an und warten Sie das Einverständnis ab.

Nicht jede visuelle Anschauung bedarf einer alternativen taktilen Darstellung; manchmal reichen auch explizite verbale Beschreibungen aus. Suchen Sie daher rechtzeitig den Kontakt mit den zuständigen Mitarbeitenden des sonderpädagogischen Unterstützungssystems und überlegen Sie gemeinsam, an welcher Stelle der Einsatz bzw. die Herstellung taktiler Abbildungen sinnvoll ist.

Zunehmend werden im Unterricht auch mittels 3D-Druck produzierte Veranschaulichungsmedien verwendet (Abb. 9).

Abb. 9: Per 3D-Druck erstelltes Modell einer Schildkröte

5.2.2 Grenzen der taktilen Veranschaulichung und Zugänglichkeit

Es gibt im schulischen Kontext einige (seltene) Aufgabenstellungen, für die es keine sinnvollen kompensatorischen Möglichkeiten gibt: Sie sind ohne Sehvermögen nicht lösbar, wie z.B. das Mikroskopieren im Fach Biologie. Bei diesem Themengebiet sollte für SchülerInnen mit Blindheit erläutert werden, wie ein Mikroskop funktioniert und welche Möglichkeiten es bietet. Darüber hinaus sollten die Lehrkraft oder MitschülerInnen exemplarisch das mikroskopierte Objekt verbal beschreiben; ggf. kann ergänzend eine Reliefabbildung mit einer stark vergrößerten Darstellung (z.B. Pantoffeltierchen) verwendet werden.

5.3 Brailleschrift

Die Vermittlung der Brailleschrift findet unter Anleitung der beteiligten Lehrkraft des sonderpädagogischen Unterstützungssystems statt.

Braille ist keine Hexerei

Die Brailleschrift, auch bekannt unter den Namen „Punktschrift“ oder „Blindenschrift“, ist weltweit die Standardschrift für Menschen mit Blindheit. Dieses Schriftsystem wurde nach ihrem Erfinder Louis Braille (1809–1852) benannt. Das System beruht auf der Anordnung bzw. der unterschiedlichen Kombination von (ursprünglich) maximal sechs taktil erfahrbaren Punkten innerhalb eines klar definierten räumlichen Feldes. Dieses Feld kann man sich als Tabelle bzw. Rechteck mit zwei Spalten und drei Zeilen vorstellen. Die linke Spalte wird von oben nach unten mit den Ziffern 1–3, die rechte Spalte von oben nach unten mit den Ziffern 4–6 bezeichnet (Abb. 10). Die Größe der Punkte und der Abstand zwischen den Punkten sind so bemessen, dass das Zeichen gut über die Fingerbeeren erfasst werden kann.

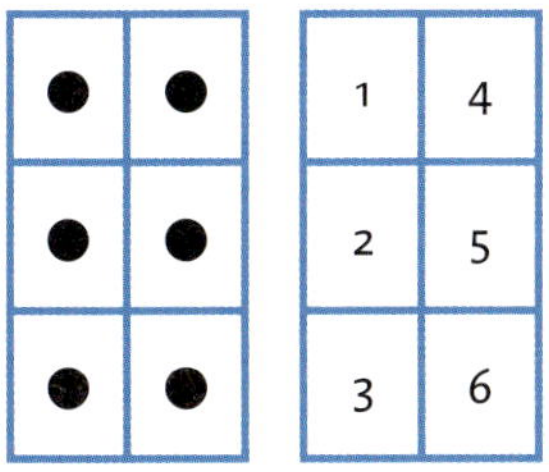

Abb. 10: Punkteanordnung in der Brailleschrift

Die Darstellung der Buchstaben, Satzzeichen oder Zahlen erfolgt über die unterschiedliche Anordnung bzw. Kombination der Punkte.

Lesegeschwindigkeit

Brailleschrift wird mit beiden Händen (meist mit den Zeige- oder Mittelfingern) gelesen (Abb. 11). Das Lesetempo ist etwa zwei- bis dreimal langsamer als beim visuellen Lesen.

Im Verlauf der weiteren Entwicklung der Punktschrift kam es zu zahlreichen Ergänzungen (z.B. spezifische Braillesysteme für Musik oder Mathematik). Zudem wurden im deutschsprachigen Raum Lautgruppen zu einem Zeichen zusammengefasst (Tab. 7) und eine sogenannte Kurzschrift entwickelt, die Laute, aber auch Silben oder ganze Wörter in einem oder zwei Zeichen darstellt. Gute Leser können ihr Lesetempo dadurch entsprechend steigern.

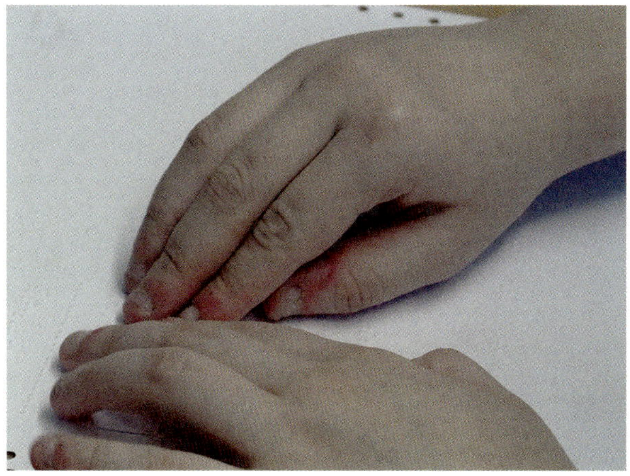

Abb. 11: Beidhändiges Braillelesen

Ergänzt wird dieses System durch spezifische Zeichen, die Großschreibungen und Ziffern ankündigen. Hergestellt werden die jeweiligen Zeichen, indem mithilfe einer Blindenschrift-Schreibmaschine bzw. entsprechender spezifischer Drucker die Punkte in kartoniertes Papier gestanzt werden.

Tab. 7: Braillevollschrift mit Lautkürzungen

a	b	c	d	e	f	g	h	i	j
⠁	⠃	⠉	⠙	⠑	⠋	⠛	⠓	⠊	⠚
k	l	m	n	o	p	q	r	s	t
⠅	⠇	⠍	⠝	⠕	⠏	⠟	⠗	⠎	⠞
u	v	w	x	y	z	ä	ö	ü	ß
⠥	⠧	⠺	⠭	⠽	⠵	⠜	⠪	⠳	⠮
au	äu	eu	ei	ie	ch	sch	st	Komma	Punkt
⠡	⠌	⠣	⠩	⠬	⠹	⠱	⠾	⠂	⠄
;	:	?	!	(	)	„	“	-	Apostr.
⠆	⠒	⠢	⠖	⠶	⠶	⠦	⠴	⠤	⠠

Was steht hier?

(Tipp: Der Satz enthält keine Lautkürzungen)

Eine hervorragende Einführung in die Brailleschrift speziell für sehende SchülerInnen mit vielen Beispielen und Übungen: Theiß-Klee, H. (2017): Knack den Code … und lerne die Blindenschrift kennen. Edition Bentheim, Würzburg

5.4 Computereinsatz

5.4.1 Eurobraille und Braillezeile

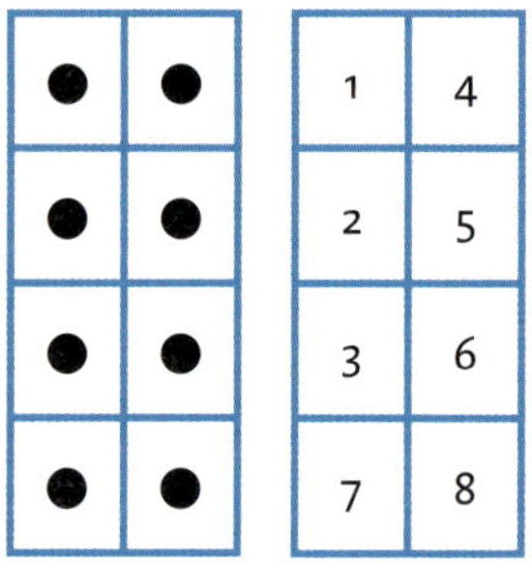

Abb. 12: Euro- bzw. Computerbraille

Die wesentlichste Veränderung seit Ende des 20. Jahrhunderts liegt in der Weiterentwicklung der Schrift von einem 6-Punkt-System hin zu einem 8-Punkt-System, dem sogenannten ⌕*Euro- bzw. Computerbraille* (Abb. 12).

Damit wurde auf die zunehmende Nutzung digitaler Medien im Unterricht und Lebensalltag von Menschen mit Blindheit reagiert. Über dieses 8-Punkt-System mit seinen entsprechend größeren Kombinationsmöglichkeiten können alle Zeichen am PC (z.B. ANSI-Zeichensatz von Windows) unmittelbar einem eigenen Braillezeichen zugeordnet werden. Mithilfe einer spezifischen Software (⌕*Screenreader*) können daher jegliche auf dem Bildschirm des Computers bzw. Laptops abgebildeten Texte, aber auch grafische Elemente wie Fenster, Menüs oder Auswahlboxen über eine sogenannte Braillezeile (Abb. 13) in Brailleschrift dargestellt oder über eine Sprachausgabe vorgelesen werden. Die Screenreader ermöglichen auch das Lesen und Bedienen von Webseiten, wenn die Webpräsenz barrierefrei gestaltet ist.

Abb. 13: Braillezeile

Die Texteingabe kann sowohl über die Computertastatur (10-Fingersystem) als auch über eine spezielle Eingabetastatur an der Braillezeile erfolgen. Die Steuerung von PC bzw. Laptop erfolgt über Tastaturbefehle. Im schulischen Kontext sind Braillezeilen üblich, die 40 Buchstaben auf einer Lesezeile abbilden. Dies bedeutet allerdings, dass aufgrund der zeilenweisen Darstellung die Gewinnung eines Überblicks über den Text und das „Springen" zwischen verschiedenen Textstellen deutlich erschwert sind.

Smartphones oder Tablets enthalten ebenfalls zunehmend integrierte Bedienungshilfen, die eine Ein- und Ausgabe in Braille oder über Sprache ermöglichen. Inwieweit sie im unterrichtlichen Kontext sinnvoll zu nutzen sind, muss im Einzelfall geprüft werden.

Der Einsatz assistiver Technologien hat die Möglichkeiten der schulischen Teilhabe von SchülerInnen mit Blindheit in einem hohen Maß gestärkt und ist heute aus dem inklusiven Unterricht nicht mehr wegzudenken. Mit Braillezeile, Screenreader und Eurobraille ist eine unmittelbare schriftliche Kommunikation mit sehenden MitschülerInnen möglich, sodass z.B. auch schriftliche Gruppen- und Partnerarbeiten umgesetzt werden können.

5.4.2 Textformatierungen und mathematische Darstellungen

E-Buch-Standard

Im deutschsprachigen Raum ist im Rahmen einer Kooperation der blinden- bzw. sehbehindertenpädagogischen Einrichtungen für die Gestaltung digitaler Texte (z. B. Schulbücher, Arbeitstexte) ein spezieller „E-Buch-Standard“ erarbeitet worden, um ein einheitliches Qualitätsniveau elektronischer Unterrichtsmaterialien sicherzustellen. Zugleich erleichtert dieser Standard den bundesweiten Austausch und die mehrfache Verwendung der entsprechenden Dokumente (VBS 2019). Im E-Buch-Standard ist geregelt, wie Strukturinformationen (z. B. Überschrifthierarchien, Hervorhebungen im Text, Merksätze) und Darstellungsformate (z. B. Lückentexte, Tabellen) umgesetzt bzw. eindeutig angekündigt werden. Komplexe Tabellen müssen ggf. aufgelöst und die Inhalte alternativ (als Fließtext oder als Aufzählungen) präsentiert werden. Grafische Darstellungen (Abbildungen, Diagramme etc.) werden im E-Buch-Standard angekündigt und falls möglich beschrieben (mehr dazu finden Sie im Online-Zusatzmaterial). Ergänzend ist unter Umständen eine gesonderte taktile Umsetzung als Reliefabbildung notwendig.

LaTeX als computerfähige Mathematikschrift

Das Problem, keine flächigen Darstellungen über den Screenreader und die Braillezeile abbilden zu können, zeigt sich besonders in der Mathematik bzw. in den Naturwissenschaften. Als Lösung hat sich im inklusiven Kontext eine Orientierung an dem Textsatzsystem LaTeX etabliert. Hierbei handelt es sich ursprünglich um ein Softwarepaket, das die Benutzung des Textsatzsystems TeX mithilfe von Makros vereinfacht. LaTeX ermöglicht im Prinzip eine lineare Darstellung von grafischen Elementen (z. B. Brüchen, Wurzelzeichen, Potenzen etc.). Im Zusammenhang mit SchülerInnen mit Blindheit kann eine vereinfachte Form von LaTeX verwendet werden, da es nicht um den korrekten Satz, sondern lediglich um einen über die Braillezeile möglichen Zugang zur mathematischen Darstellung geht.

Beispiele zur Darstellung von graphischen Elementen

Beispiel 1

Original: $\sqrt{25}=5$

(Prosa: Die Quadratwurzel aus 25 ist gleich 5)

An LaTeX orientierte Umwandlung für die Braillezeile:

```
\sqrt{25}=5
```

Beispiel 2

Original: $\frac{1}{x+2} \neq \frac{1}{x}+2$

(Prosa: Bruchanfang 1 durch x plus 2 Bruchende ist ungleich Bruchanfang 1 durch x Bruchende plus 2)

An LaTeX orientierte Umwandlung für die Braillezeile:

```
\frac{1}{x+2} \not=\frac{1}{x}+2
```

(Kalina 2017)

5.5 Hilfsmittel und Medien für den Unterricht

Neben den bereits erwähnten medialen Hilfen wie Braillezeile, ⚲*Screenreader* und ⚲*Reliefabbildungen* gibt es zahlreiche weitere Hilfsmittel und Anschauungsmaterialien, die im Unterricht mit SchülerInnen mit Blindheit eingesetzt werden können. Diese werden i.d.R. durch die beteiligten Förderzentren zur Verfügung gestellt oder müssen von den zuständigen Kostenträgern (z.B. Schulträger, Krankenkasse) angeschafft werden. Tabelle 8 zeigt eine exemplarische Auswahl zur Verdeutlichung:

Tab. 8: Hilfsmittel und Medien für den Unterricht

Hilfsmittel	Funktion
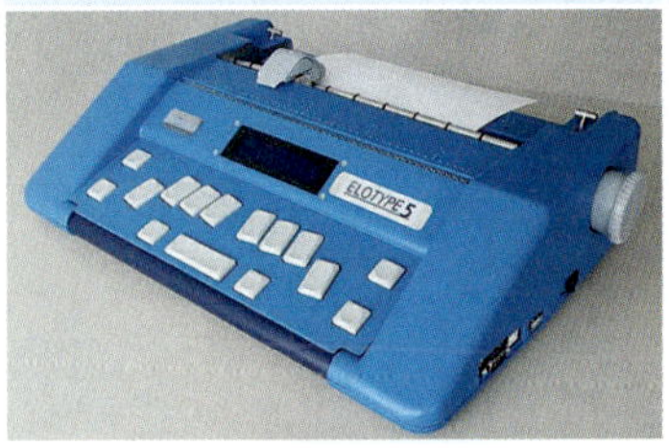	Elektronische Schreibmaschine („Elotype") zur Herstellung von Eurobraille, die auch als Braille-Drucker verwendet werden kann. Texte können so am PC hergestellt und über die Elotype ausgedruckt werden.
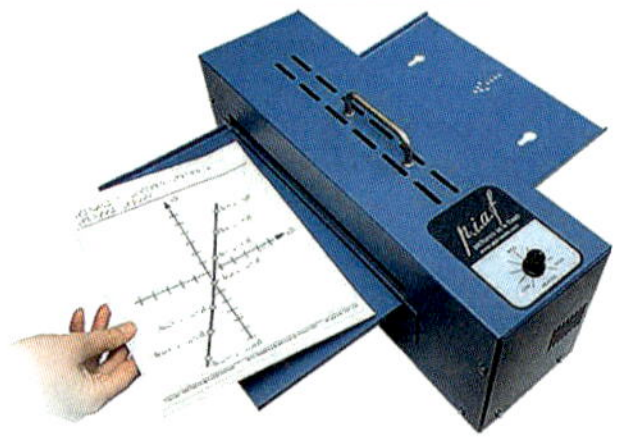	Schwellpapier-Kopierer, wie z.B. der Kopierer „PIAF", ermöglichen es aufgrund eines thermischen Verfahrens, Grafiken, Diagramme, Karten etc. auf wärmeempfindlichem Schwellpapier zu produzieren, sodass sie taktil wahrnehmbar sind. Das (spontane) Beschriften einer Vorlage per Hand ist ebenfalls möglich.
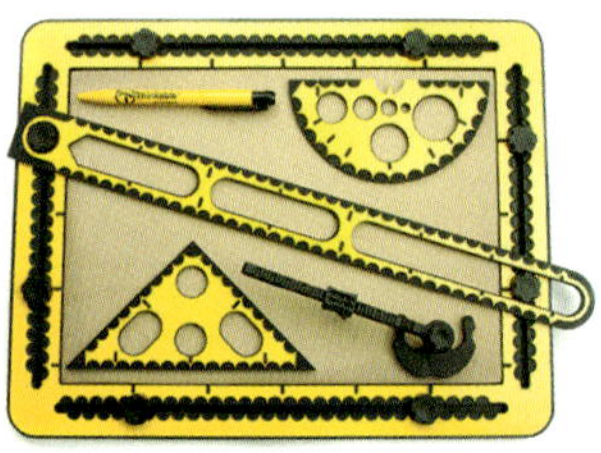	Zeichenbretter, wie z.B. das „TactiPad", ermöglichen es blinden SchülerInnen, eigene Zeichnungen, z.B. im Rahmen des Geometrieunterrichts, anzufertigen. Auf einer Gummiunterlage wird eine spezielle Zeichenfolie platziert, die mit einem Stift und unter Zuhilfenahme spezifischer Zeichengeräte durch entsprechenden Druck „bearbeitet" wird. Dadurch entstehen gut tastbare Linien bzw. Umrisse.

Außerdem gibt es mechanische Schreibmaschinen, wie „Perkins Brailler", zur Herstellung von Texten in Braille (6-Punkt-Schrift). Sie können für sämtliche schulischen Schreibaufgaben oder im privaten Bereich, z.B. zur Beschriftung von Klebefolien zur Kennzeichnung von CDs, genutzt werden. Einige Medien finden überwiegend eine fachspezifische Anwendung, wie z.B. Farberkennungsgeräte mit Sprachausgabe (Chemie), Messinstrumente mit Tonhöhenanzeiger oder Sprachausgabe (Physik), Tiermodelle (Biologie), Spezifische Reliefkarten (Erdkunde) oder akustisch wahrnehmbare „Klingelbälle" (Sportunterricht). Welche Medien für die jeweilige Schülerin oder den jeweiligen Schüler sinnvoll sind, muss individuell in Kooperation mit der Lehrkraft des sonderpädagogischen Unterstützungssystems geklärt werden.

Als hilfreich hat sich für die SchülerInnen auch der Einsatz eines digitalen Diktiergerätes oder einer Aufnahme-App am Smartphone erwiesen, z.B. als Alternative zu einem „Notizzettel" oder zum eigenständigen Vokabellernen.

5.6 Hilfreiche Rahmenbedingungen

5.6.1 Räumliche Bedingungen

Schulgebäude

Sollte der oder die SchülerIn Schwierigkeiten in der eigenständigen Orientierung haben, kann ein Klassenraum im Erdgeschoss (ggf. in der Nähe der Toiletten) sinnvoll sein. Bezüglich des Toilettengangs könnte zudem überlegt werden, ob aus hygienischen Gründen die Nutzung der Lehrertoilette erlaubt wird.

Klassenraum

„Zuhören können, um zu verstehen“, ist im wörtlichen Sinne eine zentrale Voraussetzung für schulisches Lernen von SchülerInnen mit Blindheit. Deshalb sollte nach Möglichkeit ein Klassenraum genutzt werden, der wenig äußerem Lärm (z. B. einer stark befahrenen Straße) ausgesetzt ist. Auch im Klassenunterricht muss darauf geachtet werden, Störgeräusche zu minimieren.

Gruppenraum

Für differenzierende Maßnahmen ist es hilfreich, wenn ein zusätzlicher, optimaler Weise an die Klasse angrenzender Raum vorhanden ist. Ansonsten wäre die Möglichkeit der zeitweisen Nutzung eines alternativen Raumes hilfreich, in dem spezifische Fördermaßnahmen (z. B. Vermittlung der Punktschrift) oder eine Gruppenarbeit parallel zum Klassenunterricht angeboten werden können.

Sitzposition

Die Sitzposition sollte mit der beratenden blindenpädagogischen Lehrkraft abgestimmt werden. Zu beachten sind hier sowohl soziale Aspekte (keine Isolation der Schülerin bzw. des Schülers) als auch Aspekte der Ausstattung mit Hilfsmitteln (z. B. ein zweiter Tisch als zusätzliche Arbeitsfläche, Zugang zur Stromversorgung) oder ggf. ein zusätzlicher Sitzplatz für die Schulbegleitung. Um eine eigenständige Orientierung zu ermöglichen, sollte der Platz gut zu erreichen sein und die MitschülerInnen sollten für mögliche Gefahrenpunkte bzw. Stolpersteine sensibilisiert werden.

Arbeitsplatz

Die konkrete Arbeitsplatzausstattung (Blindenschrift-Schreibmaschine, PC-Konfiguration mit Braillezeile, Drucker etc.) und der Bedarf an Unterrichtsmaterialien (Modelle, Reliefabbildungen etc.) richten sich nach den individuellen Möglichkeiten und Bedürfnissen des Kindes oder Jugendlichen mit Blindheit. Die beratende sonderpädagogische Lehrkraft erarbeitet in Absprache mit allen Beteiligten i. d. R. einen entsprechenden Vorschlag. Für die sichere Unterbringung der Materialien werden Regale, ggf. abschließbare Schränke benötigt.

Techniken der sehenden Begleitung

In unbekannter Umgebung (z. B. bei Lerngängen) benötigen SchülerInnen mit Blindheit ggf. eine „sehende Begleitung“. Für die Führsituation ist es wichtig, dass sich sowohl die führende als auch die geführte Person wohlfühlen. Die geführte Person muss die Situation mitbestimmen können und darf nicht gezogen oder gar geschoben werden. Die Technik der „sehenden Begleitung“ sieht vor, dass sich die geführte Person mit einer Hand oberhalb des Ellbogengelenks an der Führperson festhält (Abb. 14). Hierdurch befindet sich die geführte Person stets einen halben Schritt hinter der Führperson und ist z.B. in der Lage, Richtungsänderungen selbst wahrzunehmen. Zudem kann der Kontakt selbstbestimmt beendet werden.

Exkurs: Im Straßenverkehr besteht für Personen mit Blindheit grundsätzlich (z.B. auch bei Lerngängen) Kennzeichnungspflicht, die durch das Nutzen bzw. Mitführen des weißen Langstocks erfüllt werden kann.

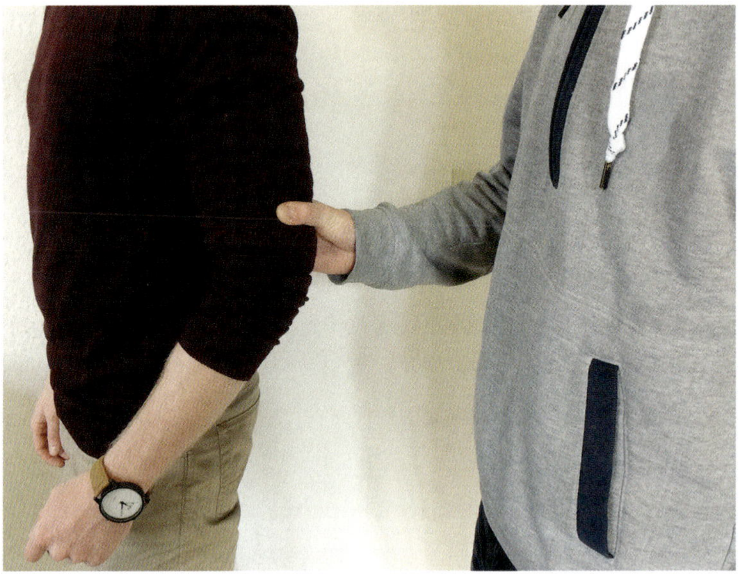

Abb. 14: Grundtechnik der sehenden Begleitung

Deutscher Blinden- und Sehbehindertenverband e.V. (Hrsg.) (2012): Sehende Begleitung. Leitfaden zur Begleitung von blinden und sehbehinderten Menschen. In: www.dbsv.org/broschueren.html?file=files/ueber-dbsv/publikationen/broschueren/DBSV-Broschuere-Sehende-Begleitung.pdf

5.6.2 Kommunikation im Unterricht

Interaktion ohne Mimik und Gestik

Für SchülerInnen mit Blindheit ist es schwieriger, die Vielzahl der MitschülerInnen kennen und voneinander unterscheiden zu lernen, da keine visuellen Unterscheidungsmerkmale nutzbar sind. Ein aktives Aufeinander-Eingehen wird zudem, z.B. durch den fehlenden Blickkontakt, erschwert. Bei einer neuen Zusammensetzung der Klasse ist deshalb auf ein bewusst initiiertes gegenseitiges Kennenlernen (z.B. durch Steckbriefe, Spiele zum Kennenlernen, regelmäßige Gruppen- und Partnerarbeit) zu achten. Zudem ist es hilfreich, wenn alle SchülerInnen mit Namen und nicht per Mimik und Gestik aufgerufen werden. Idealerweise werden unspezifische Richtungsangaben wie „da drüben“ oder „dort hinten“ durch genaue Angaben wie „links neben der Eingangstür“ ersetzt.

Umgang mit Tafelanschrieb und Visualisierungen

Prinzipiell sollte das Tafelbild verbal beschrieben werden: Die Lehrkraft spricht z.B. beim Schreiben laut mit oder sie lässt das Geschriebene von einer Schülerin oder einem Schüler vorlesen. Je nach Komplexität kann das Tafelbild am Ende der Stunde, z.B. von der Schulbegleitung, fotografiert und im Nachhinein für den oder die SchülerIn verschriftlicht werden. Bei Nutzung eines Whiteboards kann dem oder der SchülerIn eine digitale Version zugänglich gemacht werden. Zusätzliche Verbalisierungen sind auch beim Einsatz von Film- oder Bildprojektionen notwendig.

„Schau Dir bitte das Arbeitsblatt genau an"

Last but not least: Lehrkräfte können problemlos Begriffe des Sehens in der Kommunikation mit SchülerInnen mit Blindheit verwenden, da diese die Begriffe auf die vorhandenen Wahrnehmungsmöglichkeiten übertragen: Etwas „ansehen" oder „anschauen" bedeutet dann, dass etwas ertastet und gründlich exploriert wird.

Adam, B. (2019): Das Buch der Blindenschrift. 2. Aufl., Marixverlag, Wiesbaden

Hahn, V.F. (2010): Der Geometrie-Atlas: Ikonische Unterstützung sehgeschädigter und blinder Schülerinnen und Schüler im Mathematikunterricht. Grenzenlos GmbH, Erfurt

Lang, M., Hofer, U., Beyer, F. (Hrsg.) (2011): Didaktik des Unterrichts mit blinden und hochgradig sehbehinderten Schülerinnen und Schülern. Band 2: Fachdidaktiken. Stuttgart, Kohlhammer, 96–102 (darin: LaTeX als Mathematikschrift, Mathematikunterricht, Lesen und Schreiben, Sport, Musik, Kunst, Informationstechnologie etc.)

Leuders, J. (2012): Förderung der Zahlbegriffsentwicklung bei sehenden und blinden Kindern. Empirische Grundlagen und didaktische Konzepte. Springer, Wiesbaden

Lokatis-Dasecke, S., Wolter, B. (2008): Gemeinsam kreativ. Integrativer Kunstunterricht mit blinden Schülerinnen und Schülern. Edition Bentheim, Würzburg

Thiele, M. (2007): Bewegung, Spiel und Sport im gemeinsamen Unterricht von sehgeschädigten und normalsichtigen Schülerinnen und Schülern. 2. Aufl., Edition Bentheim, Würzburg

Memo

Unterstützungsmöglichkeiten von SchülerInnen mit Blindheit im Unterricht

- Es ist wichtig, auf Handlungsorientierung zu achten und ggf. Realbegegnungen anzubieten (Kap. 5.2).
- Die SchülerInnen sollten ihr individuelles Lerntempo verfolgen können, da das Tasten und taktile Lesen mehr Zeit erfordern (Kap. 5.2, 5.3).
- Die Brailleschrift bietet in Kombination mit assistiven Technologien einen umfassenden Informationszugang (Kap. 5.3).
- Räumliche Bedingungen können ggf. angepasst werden, um die eigenständige Orientierung des oder der SchülerIn zu erleichtern (Kap. 5.6).
- Handlungsbegleitendes Verbalisieren unterstützt die Teilhabe am Unterrichtsgeschehen (Kap. 5.6).

6 Soziale Integration

In diesem Kapitel werden unter dem Stichwort der sozialen Integration Hinweise zum Aspekt der sozialen Einbindung der SchülerInnen mit Sehbeeinträchtigungen oder Blindheit gegeben. Im Anschluss an eine kurze Einführung werden mögliche Stolpersteine für die soziale Einbindung skizziert und Lösungsansätze zur Vorbeugung oder Bearbeitung von sozialen Ausgrenzungsprozessen beschrieben.

6.1 Einführung

Der Leitidee einer umfassenden schulischen Inklusion von SchülerInnen mit sonderpädagogischen Förderbedarfen liegt auch der Anspruch einer sozialen Integration zugrunde. Wie wohl sich SchülerInnen mit Sehbeeinträchtigungen oder Blindheit in ihrer Klasse fühlen, wie gut sie „sozial integriert“ sind, hängt zunächst von einer Vielzahl unterschiedlichster Faktoren ab, die grundsätzlich alle (!) SchülerInnen der Klasse betreffen, wie z. B.:

- dem Stellenwert, den die Schule als System und die Lehrkräfte innerhalb ihres Unterrichts sozialen Aspekten zuweisen
- der „Passung“ der unterschiedlichen Persönlichkeiten innerhalb der Klasse
- den persönlichen (sozialen) Kompetenzen der einzelnen SchülerInnen
- der Klassenstufe bzw. dem Entwicklungsalter
- dem sozialen Klima in der Klasse bzw. der Wertschätzung, die alle Beteiligten für einander aufbringen („angstfreie Schule“)

6.2 Spezifische Stolpersteine

Vorsicht mit pauschalen Bewertungen

Vor dem in Kapitel 6.1 skizzierten Hintergrund verbieten sich pauschale Aussagen. Allerdings legen wissenschaftliche Studien und Berichte aus der Unterrichtspraxis (u. a. Huber 2009; Thiele 2003) nah, dass der Anspruch einer umfassenden sozialen Integration der SchülerInnen im Einzelfall nicht immer leicht umzusetzen ist. Abgesehen von gesellschaftlich verankerten grundsätzlichen Verhaltensunsicherheiten, Ängsten oder Ambivalenzgefühlen gegenüber Menschen mit Behinderungen können im konkreten unterrichtlichen Zusammenhang folgende Faktoren erschwerend hinzukommen:

- SchülerInnen mit dem Förderbedarf Sehen sind i. d. R. mit diesem Persönlichkeitsmerkmal allein in der Klasse.
- Sie benötigen spezifische Rahmenbedingungen und methodisch-didaktische Zugänge, die sie – für alle deutlich sichtbar – aus der Klasse herausheben.
- Sie erhalten ggf. – ebenfalls offensichtlich – besondere Hilfen, durch z. B. eine Schulbegleitung und/oder eine sonderpädagogische Lehrkraft.
- Im Rahmen eines Nachteilsausgleichs erbringen sie Leistungsnachweise oder fertigen Hausaufgaben an.
- Sie benötigen ggf. an vielen Stellen mehr Zeit und direkte Unterstützung durch ihre MitschülerInnen.
- Sie können ggf. nicht so selbstverständlich soziale Interaktionsprozesse (Stichworte: Mimik, Orientierung) initiieren bzw. an ihnen teilhaben.
- Sie können sich ggf. nicht oder nur eingeschränkt an typischen Gesprächsinhalten in den Pausen bzw. in der Freizeit beteiligen (z. B. Gespräche über Filme).
- Ihre Möglichkeiten der Beteiligung an gemeinsamen Aktivitäten in der Pause oder außerhalb der Schule (z. B. „Toben“ auf dem Schulhof, Vereinssport) sind ggf. (stark) eingeschränkt.

6.3 Ansätze zur Förderung sozialer Integration

Der Aspekt der sozialen Integration kann als Teil des sozialen Klimas in einer Klasse gesehen werden. Ansatzpunkte sollten daher vor allem auf alle SchülerInnen ausgerichtet sein. Hilfreich erscheinen folgende Maßnahmen:

- Gestaltung eines unterstützenden, schülerorientierten Sozialklimas anhand von Vorschlägen zum *Classroom-Management*, z.B. verbale und nonverbale Wertschätzung aller SchülerInnen einerseits, klare Vereinbarungen und konsequente Umsetzung von Regeln zum Umgang miteinander aber andererseits (u.a. Eichhorn 2018)
- selbstverständliche Nutzung differenzierender Unterrichtsangebote (z.B. im Rahmen von offenem Unterricht oder Gruppenarbeiten) für alle SchülerInnen
- konsequente Gleichbehandlung aller SchülerInnen in Bezug auf Rückmeldungen oder Sanktionen, z.B. in Bezug auf fehlende Hausaufgaben oder unangemessenes Sozialverhalten
- Begründung der Gewährung und exemplarische Verdeutlichung der Formen des Nachteilsausgleichs mit der Gesamtklasse; ggf. in Kooperation mit der unterstützenden sonderpädagogischen Lehrkraft (Kap. 3)
- selbstverständliche und unaufdringliche Bereitstellung von vereinbarten Adaptionen und Hilfen durch die Lehrkraft (Ist dies nicht der Fall, muss der bzw. die SchülerIn diese einfordern mit der möglichen Konsequenz, dass sie bzw. er sich unnötigerweise vor der Klasse herausheben muss und dadurch in eine Sonderrolle gerät.) (Buultjens/Stead 2004)
- transparente Klärung der Aufgaben der Schulbegleitung und der sonderpädagogischen Lehrkraft (Hier gilt es beispielsweise klarzustellen, dass keine unzulässige Unterstützung bei Klassenarbeiten stattfindet, z.B. Vorabinformationen zur Aufgabenstellung, Lösungshilfen während der Arbeit.)
- Zurückhaltung der Schulbegleitung bei Gruppenarbeiten oder in Pausensituationen, um die natürlichen Kontaktmöglichkeiten zwischen den SchülerInnen nicht zu behindern
- grundsätzliche, altersangemessene Thematisierung der möglichen Auswirkungen von Blindheit oder Sehbehinderung, nach Möglichkeit in Kooperation mit der unterstützenden sonderpädagogischen Lehrkraft und unter Beteiligung der betroffenen Schülerin oder des Schülers (Hierbei bieten sich Aufgabenstellungen wie z.B. einen Weg zurücklegen, ein Arbeitsblatt lochen und abheften, Schreiben am Bildschirmlesegerät unter der Augenbinde oder mit Simulationsbrillen an, um für die besonderen Bedarfe und Herausforderungen wie Zeitbedarf oder Orientierungsproblematik zu sensibilisieren.)

6.4 Hilfreiche didaktische Maßnahmen: kooperative Lernformen

Um gemeinsame Lernsituationen mit umfassenden Kontakt- und Kennenlernmöglichkeiten zu initiieren, bieten sich insbesondere kooperative Lernformen an. Hierbei können Aufgabenformate und Methoden gewählt werden, in denen Sehbehinderung oder Blindheit keine entscheidende Rolle spielen. Eine Voraussetzung für die erfolgreiche Durchführung ist allerdings, dass die Materialien entsprechend den individuellen Bedarfen adaptiert wurden (z.B. Texte in Braille- oder vergrößerter Schwarzschrift) und die notwendigen Hilfsmittel zur Verfügung stehen.

SchülerInnen mit Blindheit und Sehbehinderung können sich im kooperativen Lernen als gleichberechtigte und kompetente Lernpartner erleben und zugleich als solche von ihren MitschülerInnen wahrgenommen werden. Zudem ergeben sich durch solche und ähnliche Partner- und Gruppenaktivitäten vielfältige natürliche Kontaktmöglichkeiten zwischen allen SchülerInnen der Klasse (u.a. MacCupsie 2006).

Borsch, F. (2015): Kooperatives Lernen. Theorie, Anwendung, Wirksamkeit. 2., überarbeitete Auflage, Kohlhammer, Stuttgart

6.5 Klasse 7–9: der Sonderfall

Pubertät

Erfahrungsgemäß kann sich die Problematik sozialer Integration besonders in den Klassenstufen 7–9 zeigen, d.h. in der Lebensphase der Pubertät.

Hier gilt es vor allem, „cool" zu sein und sich einen Platz in der angestrebten bzw. angesagten Clique zu sichern. Schule ist erstmal nicht so wichtig und die Beziehungen in der Klasse verändern sich.

Eine Sehbeeinträchtigung oder gar Blindheit ist allerdings „nicht so besonders cool".

Es kommt hinzu, dass sich die SchülerInnen mit dem Förderdarf Sehen in dieser Lebensphase bewusster in ihrem „Anderssein" wahrnehmen und Einschränkungen hinsichtlich einer selbstständigen Lebensgestaltung deutlicher erleben.

keine einfachen Lösungen

Für diese Lebensphase gibt es keine einfachen Lösungen, da die Auseinandersetzung mit den eigenen Lebenserschwernissen eine neue Qualität bekommt und entsprechend häufig auch mit einer längeren Phase der Trauer verbunden sein kann.

Hier kann es wichtig sein, den SchülerInnen zu verdeutlichen, dass ein verändertes Verhalten der MitschülerInnen kein Ausdruck von persönlicher Ablehnung sein muss, sondern Ausdruck der jeweils eigenen Probleme und Identitätssuche ist. Als hilfreich hat sich zudem der Austausch mit anderen jungen Menschen mit einer Sehbeeinträchtigung oder Blindheit (Kap. 2) erwiesen, die in dieser Phase Ähnliches erleben und empfinden. Dies kann helfen, die eigene Befindlichkeit zu relativieren und Rückhalt zu erfahren.

6.6 Was tun, wenn es zur Ausgrenzung kommt?

Orientierung an Anti-Mobbing-Strategien

Auch das größte pädagogische Engagement kann nicht immer soziale Ausgrenzung vermeiden. Da die Grenzen zwischen sozialer Ausgrenzung und Mobbing fließend sind, kann hier ggf. eine Orientierung an Anti-Mobbing-Konzepten hilfreich sein, z.B. eine Orientierung am Konzept des „No Blame Approach“: In diesem Konzept wird auf Schuldzuweisungen oder Anklagen verzichtet; im Vordergrund steht die Suche nach einer Lösung für die Zukunft. Kernpunkt des Ansatzes ist die Bildung einer vorübergehenden Unterstützungsgruppe innerhalb der Klasse, die die Lehrkraft als Helfer für die Überwindung der Mobbing-Situation unterstützt (Blum/Beck 2010).

Institut für Qualitätsentwicklung an Schulen Schleswig-Holstein (IQSH) (Hrsg.) (2012): Inklusive Bildung – Materialien für eine barrierefreie Schule, Klasse 1–5. In: www.barrierefreie-schule-sh.de/cms/die-handreichung.html

Memo

Wie soziale Integration gelingt

- ✓ Soziale Integration ist ein entscheidender Faktor für eine gelingende Inklusion (Kap. 6.3).
- ✓ Didaktische Maßnahmen wie z.B. Kooperative Lernformen können die soziale Integration fördern (Kap. 6.4).
- ✓ In problematischen Situationen kann eine Orientierung an Anti-Mobbing-Strategien hilfreich sein (Kap. 6.6).

7 Praxismaterial

Brailleschrift ist kein Geheimcode!

a	b	c	d	e	f	g	h	i	j
⠁	⠃	⠉	⠙	⠑	⠋	⠛	⠓	⠊	⠚
k	l	m	n	o	p	q	r	s	t
⠅	⠇	⠍	⠝	⠕	⠏	⠟	⠗	⠎	⠞
u	v	w	x	y	z	ä	ö	ü	ß
⠥	⠧	⠺	⠭	⠽	⠵	⠜	⠪	⠳	⠮

Mit Hilfe der Tabelle kannst Du in den Vollzeichen alle Braillepunkte anmalen, die Du für Deinen Namen brauchst.

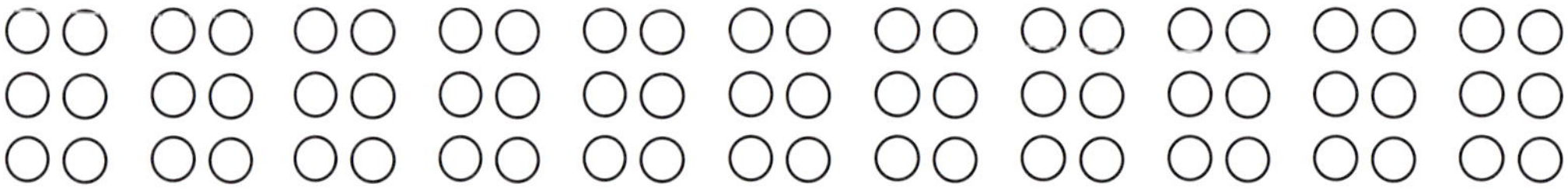

Mit den nächsten Vollzeichen kannst Du eine Nachricht an eine Mitschülerin oder an einen Mitschüler verfassen.

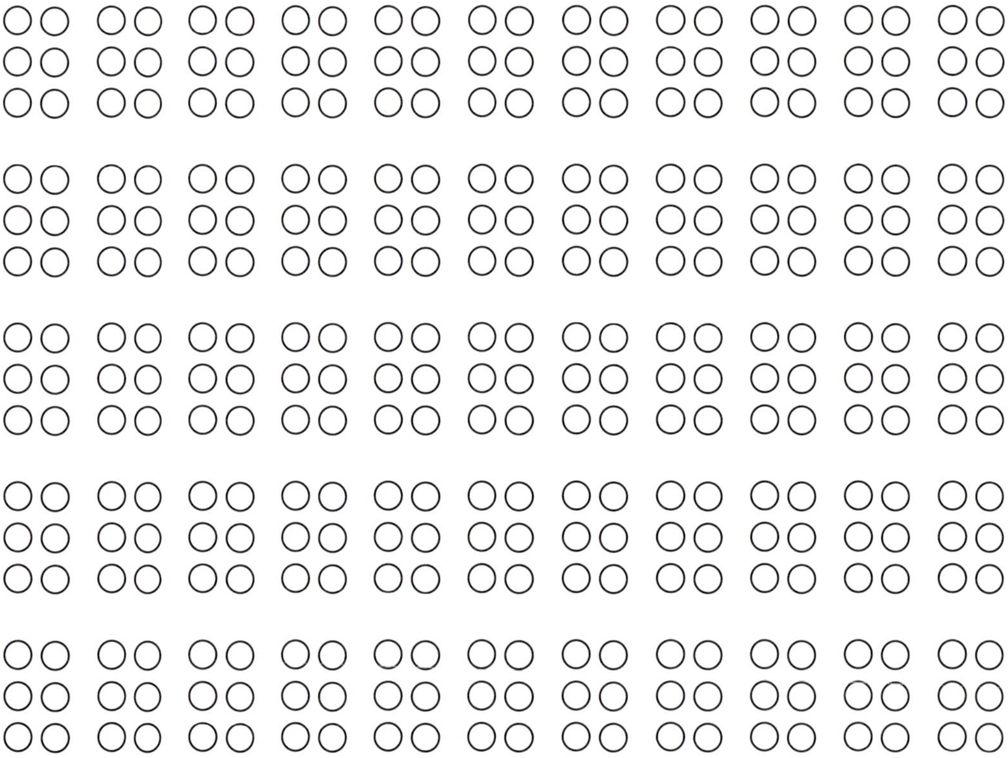

Abb. 15: Brailleschrift ist kein Geheimcode

Anregungen zur Sensibilisierung der MitschülerInnen

Jüngere Kinder können sich nur begrenzt in die besondere Situation ihres sehbeeinträchtigen Mitschülers oder ihrer Mitschülerin hineinversetzen. Entsprechende Angebote im Rahmen der Grundschule müssen vor allem spielerisch und wiederholt erfolgen, z.B. durch Spiele zur Sinneswahrnehmung (Geräusche raten, Gegenstände über das Fühlen erkennen) oder über kleine Bewegungsspiele. Sequenzen der Simulation von Blindheit sollten grundsätzlich relativ kurz sein und das Sehvermögen nicht komplett ausschließen, da diese Situation auch angstbesetzt sein kann.

Nachfolgende Anregungen sind exemplarisch als mögliche Bausteine für Unterrichtseinheiten in einer Klasse der **Sekundarstufe** gedacht, die auch von einem oder einer SchülerIn mit Sehbehinderung oder Blindheit besucht wird. Welche Bausteine benutzt werden, ist situations- und altersabhängig; entsprechende Einheiten sollten nach Möglichkeit in Kooperation mit der Lehrkraft des sonderpädagogischen Unterstützungssystems durchgeführt werden.

Benötigt werden: „Simulationsbrillen"/„Schlafbrillen" (Abb. 16)

Abb. 16: Schlafbrille und vier Simulationsbrillen

Für alle Bausteine gilt: Machen Sie vorab deutlich, dass es hier nicht um die Simulation des konkreten Sehvermögens von dem oder der SchülerIn mit Sehbeeinträchtigung oder Blindheit geht bzw. gehen kann.

Baustein 1: Lebenspraktische Fertigkeiten/Kommunikation

„Wir frühstücken gemeinsam in der Klasse" (Gruppenarbeit)

Vorbereitung: Gruppentische mit Frühstücksutensilien; die SchülerInnen tragen Simulations- oder Schlafbrillen und haben den „gedeckten" Tisch vorab nicht gesehen (ggf. Abdeckung mit Tüchern); mindestens zwei Lehrkräfte zur Aufsicht und ggf. für Hilfestellungen

Intention: Sensibilisierung für Erschwernisse und mögliche Hilfen im Alltag

Ablauf bzw. mögliche Erschwernisse:

- Erkennen, was alles wo auf dem Gruppentisch steht
- Brötchen aufschneiden, Butter/Marmelade/Frischkäse auf dem Brötchen verteilen
- sich Saft/Wasser aus einer Flasche einschenken
- sich gegenseitig Dinge reichen
- miteinander kommunizieren, wenn der Augenkontakt fehlt

Die Lehrkräfte können das Uhrenprinzip nutzen, um z.B. für die „blinde“ Schülerin die Orientierung am Tisch zu erleichtern: „Die Marmelade steht eine Armlänge von deinem Teller entfernt auf 11 Uhr.“

Auswertung:

1 Was war (besonders) schwierig? Was hat gut geklappt? Wie habt ihr es geschafft, euch den Saft einzuschenken? Wie habt ihr euch gegenseitig geholfen bzw. verständigt? War etwas besonders unangenehm?
2 Überlegt, was im Alltag von Kindern oder Jugendlichen mit einer hochgradigen Sehbehinderung oder Blindheit besondere Schwierigkeiten/Herausforderungen sein können. Habt Ihr Ideen, welche Hilfen es für diese Herausforderungen gibt?

Recherche zu Hilfsmitteln im Alltag unter www.sehhelfer.de

Baustein 2: Sehende Begleitung

„Wir begleiten (führen) einen oder eine MitschülerIn mit hochgradiger Sehbeeinträchtigung oder Blindheit“

Vorbereitung: Simulationsbrillen; Alternative: Erproben eines weißen Langstocks (die Grundtechniken müssen vorab vermittelt werden)

Intention: angemessene Begleitung sicherstellen

Ablauf:

1 Ideen entwickeln lassen: Worauf kommt es an? (Murmelphase)
2 Techniken zur sehenden Begleitung gemeinsam mit den SchülerInnen erarbeiten. Zielsetzung ist es, Sicherheit sowie beiderseitiges Wohlfühlen in Bezug auf die Form (Körperkontakt) der Begleitung zu vermitteln.
3 Mögliche Gefahrenpunkte benennen lassen (z.B. Annäherung an eine Treppe).
4 Bildung von Tandems („sehend“/„blind“), die bestimmte Wege innerhalb des Gebäudes und auf dem Schulhof in sehender Begleitung zurücklegen (Rollenwechsel nach ca. 15 Minuten).

Anregungen zur Auswertung:

- www.isar-projekt.de/literatur/sehende-begleitung-1925.html
- www.dbsv.org/broschueren.html?file=files/ueber-dbsv/publikationen/broschueren/DBSV-Broschuere-Sehende-Begleitung.pdf
- Infos bei Wikipedia mit Hinweis auf Videos und Audiodateien zum Langstock unter de.wikipedia.org/wiki/Langstock

Baustein 3: Barrierefreiheit

„Wir überprüfen, wie barrierefrei unsere Schule ist"

Vorbereitung: Es muss geklärt sein, was der Begriff Barrierefreiheit grundsätzlich meint.

Intention: Sensibilität für Hindernisse oder Gefahrenmomente im Lebens- und Schulalltag erhöhen

Ablauf:

1 Gruppenarbeit mit anschließender Sammlung der Kriterien auf Plakaten: Was heißt Barrierefreiheit konkret für Menschen mit Sehbeeinträchtigungen oder Blindheit? (z.B. Beleuchtung, bewusste Gestaltung von Farben und Kontrasten, taktile Markierungen, akustische Hilfen etc.)

Grundlage: „Checkliste Sehen" unter www.barrierefreie-schule-sh.de/cms/die-handreichung.html

2 Partnerarbeit (Baustein 4): Es werden Zweier-Teams gebildet, die jeweils aus einem bzw. einer SchülerIn mit und ohne Sehbeeinträchtigung bestehen. Die „normalsichtigen" SchülerInnen sind für die Sicherheit von ihrem bzw. ihrer PartnerIn verantwortlich.
Der oder die „normalsichtige" PartnerIn notiert die Erfahrungen bzw. Erkenntnisse während des Rundgangs. (Rollenwechsel nach ca. 15 Minuten)

Sammlung und Auswertung: Zentrale Aspekte können auf Plakaten verschriftlicht und im Klassenraum oder der Pausenhalle aufgehängt werden.

Baustein 4: Mögliche Erschwernisse im Unterrichtsalltag

„Wir überprüfen, wie barrierefrei der Unterricht ist"

Vorbereitung: einzelne Stationen für die Partnerarbeit

Intention: Konkrete Erschwernisse im Unterricht erleben und Notwendigkeit von Nachteilsausgleichen nachvollziehen können.

Ablauf und mögliche konkrete Aufgabenstellungen:

- sinnentnehmendes Lesen eines Textes mit Simulationsbrille und Lupe
- Abschreiben eines Textes von der Tafel mit Simulationsbrille
- sinnentnehmendes Hören eines Textes unter der Schlafbrille
- Interpretation einer taktilen Karte unter der Schlafbrille
- verbale Beschreibung von in einem Beutel bereitgelegten, eher seltenen Gegenständen durch „normalsichtigen“ Partner A. Partner B soll erraten, um welchen Gegenstand es sich handelt. Im Anschluss den akustisch gewonnenen Eindruck taktil überprüfen, bevor die Schlafbrille abgenommen wird.

Auswertung: Unterrichtsgespräch zu den einzelnen Stationen, wichtige Aspekte sind hier: Eingeschränkte Orientierungsmöglichkeit im Text, erschwerte Begriffsbildung über taktile Informationen und größerer Zeitbedarf für das Lösen der Aufgaben.

Baustein 5: Braille

„Wir entschlüsseln die Brailleschrift“

Vorbereitung: Es werden benötigt: Kopiervorlage Braille-Alphabet mit Vorlagen zum „Ausmalen“ (Abb. 15) der Blindenschrift, mehrere Blindenschrift-Schreibmaschinen, Punktschriftpapier

Intention: Erlernen bzw. Verstehen der Brailleschrift

Ablauf:

1. Schülerreferate zu Louis Braille sowie den Formen der Blindenschrift
2. Explizite Vorstellung der 6-Punkt-/8-Punkt-Brailleschrift
3. Verteilung eines Textes, der visuell wahrnehmbar in Brailleschrift geschrieben ist (6-Punkt). Auf die Plätze-Fertig-Los! Welche Gruppe kann den Text zuerst entziffern?
4. Je zwei Gruppen stellen sich in Brailleschrift eine Frage, die die andere Gruppe beantworten muss.

Auswertung: Herausforderungen bei der Nutzung von Braille im Unterricht im Gespräch klären (Lesen dauert länger; Orientierung im Text ist schwieriger).

Infos und Übungen zur Blindenschrift unter www.fakoo.de oder unter de.wikipedia.org/wiki/Brailleschrift

Baustein 6: Torball-Turnier

„Wir spielen in einer Mannschaft“ oder: „Inklusion mal anders herum!“

Vorbereitung: Für das Spiel wird die Sporthalle benötigt; Materialien: vier Langbänke, sechs Gymnastikmatten, Klingelball (nicht zu hart)

Intention: Mannschaftssport unter der Bedingung von Blindheit erfahren

Ablauf: Gespielt wird drei gegen drei innerhalb eines rechteckigen Spielfeldes (ca. 16 x 7, bei jüngeren SchülerInnen ggf. auch kleiner), das in zwei Hälften unterteilt wird. Die jeweilige Mannschaft darf ihre eigene Hälfte nicht verlassen. Alle SpielerInnen tragen eine Schlafbrille; ihre Grundposition auf dem Feld wird durch die Anordnung ausgelegter Matten vorgegeben (Abb. 17). Diese Anordnung dient vor allem der Orientierung. Im schulischen Kontext mit ungeübten „blinden“ SpielerInnen sollte vereinbart werden, dass sowohl beim Angriff als auch bei der Ballabwehr immer Kontakt zur jeweiligen Matte besteht.

Ziel des Spiels ist es, dass der gerollte Ball die gegnerische Grundlinie, hier akustisch erfahrbar durch quer gestellte Bänke, erreicht. „Gesteuert“ wird das Spiel von einer sehenden Spielleitung (z.B. Lehrkraft) über vereinbarte Signale mit einer Trillerpfeife. (Ein zweimaliges kurzes Pfeifen signalisiert den „blinden“ SpielerInnen z.B. ein „Tor“.)

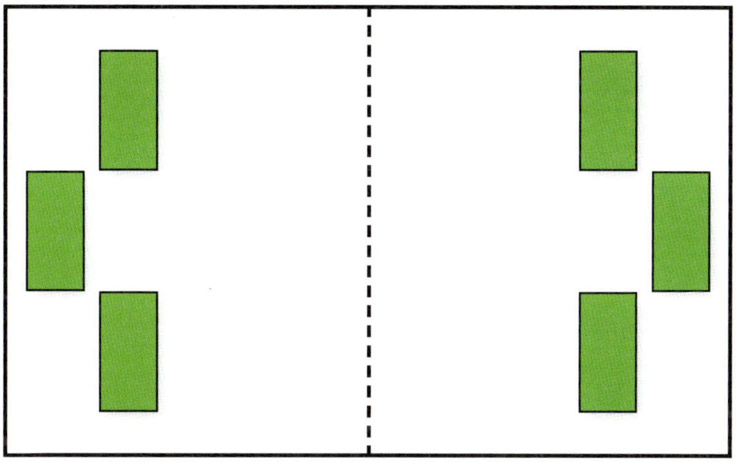

Abb. 17: Torballfeld mit ausgelegten Matten

Weitergehende Infos, Bilder und Videos zum Spiel sind zu finden unter www.torballportal.de/; de.wikipedia.org/wiki/Torball.

Weitere Anregungen und Filmtipps

Anregungen zur Sensibilisierung im Rahmen des Unterrichts
oder in Form eines Projekttages z.B. unter (Abrufdatum: 20.7.2019):

Blinden-und Sehbehindertenverband Baden-Württemberg: www.bsv-wuerttemberg.de/angebote/schulen.php

Schweizerischer Zentralverein für das Blindenwesen: www.szb.ch/szb/

Christoffel-Blindenmission: www.cbm.de/fuer-schulen/unterrichtsmaterial-grundschule/lernwerkstatt

ISaR-Projekt (Stichwort: Soziales Lernen): www.isar-projekt.de/didaktikpool.html

Dokumentarfilme:

Vom Hören Sagen – Ein Film von Eibe Mallen Krebs (2013): In dem Film werden spezifische Sichtweisen/Träume blinder Menschen visualisiert.

Shot in the dark – Ein Film von Frank Amann (2017): Der Film zeigt drei sehbeeinträchtigte bzw. blinde Fotografen bzw. Fotografinnen und ihre Arbeiten.

Im Garten der Klänge – Ein Film von Nicola Bellucci (2009): Porträt des blinden Musikers, Therapeuten und Klangforschers Wolfgang Fasser.

Blindsight – Ein Film von Lucy Walker (2006): Der Film dokumentiert die Besteigung eines 7000 m hohen Berges im Himalaya durch blinde tibetische Kinder.

Der mit den Fingern sieht – Ein Film von Savas Ceviz (2010): Dokumentation über einen blinden Maler aus der Türkei.

Spielfilme:

Mein Blind Date mit dem Leben – Deutsche Tragikomödie von Marc Rothemund (2017): Nach einem autobiografischen Roman von Saliya Kahawatte

Erbsen auf halb 6 – Deutsche Tragikomödie von Lars Büchel (2004): Ein Film über das Thema Blindheit/Erblindung.

Bücher:

Wallner, A. J. (2016): Blinde Liebe – Was Blinde über Liebe wissen. 2. Aufl., Edition A, Wien

Holzer, A. (2012): Balanceakt – Blind auf die Gipfel der Welt. Patmos Verlag, Ostfildern

Kahawatte, S. (2017): Mein Blind Date mit dem Leben. Bastei Lübbe, Köln

Knighton, R. (2009): Augenzeuge – Die Geschichte meiner Erblindung. E-Book

Tenberken, S. (2012): Mein Weg führt nach Tibet – Die blinden Kinder von Lhasa. Kiepenheuer & Witsch, Köln

Glossar

Akkomodationsfähigkeit

Fähigkeit, muskulär die Krümmung der Linse zu regulieren, um die Brechkraft zu erhöhen. Besonders wichtig für die Fixierung von Objekten in der Nähe.

Classroom-Management

Unter dem Begriff werden alle Handlungen der Lehrkraft zusammengefasst, die auf effektive Ordnungs- und Kommunikationsstrukturen sowie die aktive Partizipation der SchülerInnen am Unterricht ausgerichtet sind.

CVI (engl., Abkürzung für Cerebral Visual Impairment)

Sammelbegriff für verschiedenste Formen von Sehbeeinträchtigungen, die auf Schädigungen des Gehirns zurückzuführen sind, wodurch Störungen der visuellen Wahrnehmungsverarbeitung verursacht werden. Im deutschsprachigen Raum auch als „zerebrale Sehschädigungen“ bezeichnet.

Euro- bzw. Computerbraille

Erweiterung der Brailleschrift (8 statt 6 Punkte). Dies ermöglicht analog zum 8-bit-Code eines Computers die Darstellung von 256 unterschiedlichen Braillezeichen, die direkt dem ANSI-Zeichensatz zugeordnet werden können. Damit lassen sich z. B. Großbuchstaben und Ziffern in Braille 1 : 1 den Schwarzschriftzeichen zuordnen.

Funktionale Sehprüfung

Überprüfung visueller Funktionen im Hinblick auf ihre Bedeutung und Auswirkungen für die Handlungs-, Lern- und Kommunikationsmöglichkeiten im Lebens- und Schulalltag.

Reliefabbildungen

Bildhafte Darstellungen, die sich plastisch vom Hintergrund abheben und dadurch in ihrer Struktur fühlbar werden z. B. taktile Landkarten, Schaubilder oder geometrische Zeichnungen.

Screenreader

Software, die die visuellen Informationen des Bildschirms über eine Sprachausgabe oder eine Braillezeile auditiv bzw. taktil wahrnehmbar überträgt.

Spezifisches Curriculum (Alternative Begriffe: Duales Curriculum; Erweitertes Bildungs- und Erziehungsangebot)

Sammelbegriff für Lernfelder, die in unmittelbarem Zusammenhang mit den Auswirkungen von Blindheit oder Sehbeeinträchtigungen stehen und nicht Teil des allgemeinen Curriculums der Regelschule sind. Ein Beispiel sind Lerninhalte zur Stärkung der eigenständigen Orientierung und Mobilität.

UN-Behindertenrechtskonvention (BRK)

Übereinkommen über die Rechte von Menschen mit Behinderungen vom 13. Dezember 2006. Die unterzeichnenden Staaten verpflichten sich darin u. a., inklusive Bildungsangebote für Menschen mit Behinderungen umfassend auszubauen.

Whiteboard

Eine interaktive digitale Tafel, die mit einem Computer verbunden ist. Mithilfe eines Beamers kann der Bildschirminhalt auf die weiße Fläche des Boards projiziert und bearbeitet werden. Interaktive Whiteboards ermöglichen es zudem, das entwickelte Tafelbild zu speichern und es den SchülerInnen als Lernunterlage zur Verfügung zu stellen.

Literatur

Bertram, B. (2005): Blindheit und Sehbehinderung in Deutschland: Ursachen und Häufigkeit. Der Augenarzt 39 (6), 267–268

BSVÖ (Blinden- und Sehbehindertenverband Österreich) (2016): Wie viele Menschen mit Sehbehinderungen gibt es in Österreich? In: www.blindenverband.at/home/wissen/sehen/977?help=1, 23.11.2016

Blum, H., Beck. D. (2010): NO BLAME APPROACH. Fairaend, Köln

Buultjens, M., Stead, J. (2004): Förderung der sozialen Inklusion von Schülerinnen und Schülern mit Sehschädigung an Regelschulen. In: Verband der Blinden- und Sehbehindertenpädagogen und -pädagoginnen (Hrsg.): „Qualitäten". Rehabilitation und Pädagogik bei Blindheit und Sehbehinderung. 33. Kongress der Blinden- und Sehbehindertenpädagogen und -pädagoginnen (VBS) vom 4.–8.8.2003 in Dortmund. Edition Bentheim, Würzburg, 328–332

Degenhardt, S., Gewinn, W., Schütt, M.-L. (Hrsg.) (2016): Spezifisches Curriculum für Menschen mit Blindheit und Sehbehinderung für die Handlungsfelder Schule, Übergang von der Schule in den Beruf und Berufliche Rehabilitation. Books on Demand, Norderstedt

Degenhardt, S., Henriksen, C. (2009): Was macht die Bildung von Menschen mit mehrfachen Behinderungen zu einer sehgeschädigtenspezifischen Bildung? Vierteljahresschrift für Heilpädagogik und ihre Nachbargebiete (VHN) 78, 212–226

Deutsche Ophthalmologische Gesellschaft (DOG) (2017): Leitlinie Nr. 7. Versorgung von Sehbehinderten und Blinden. In: www.dog.org/wp-content/uploads/2009/09/Leitlinie-Nr.-7-Versorgung-von-Sehbehinderten-und-Blinden1.pdf, 8.2.2017

Drave, W., Fischer, E., Kießling, C. (2013): Sehen plus. Beratung und Unterstützung sehbehinderter und blinder Schüler mit weiterem Förderbedarf. Edition Bentheim, Würzburg

Eichhorn, C. (2018): Classroom-Management. Wie Lehrer, Eltern und Schüler guten Unterricht gestalten. 10. Aufl., Klett-Cotta, Stuttgart

Garber, M., Huebner, K.M. (2017): Visual impairment: terminology, demographics, society. In: Holbrook, M.C., McCarthy, T., Kamei-Hannan, C. (Eds.): Foundations of education. Volume I: History and theory of teaching children and youths with visual impairments. Third edition. AFB Press, New York, 50–72

Hatton, D.D., Ivy, S.E., Boyer, C. (2013): Severe Visual Impairments in Infants and Toddlers in the United States. Journal of Visual Impairment and Blindness 107, 325–336

Henriksen, A., Laemers, F. (2016): Funktionales Sehen. Diagnostik und Intervention bei Beeinträchtigungen des Sehens. Edition Bentheim, Würzburg

Huber, C. (2009): Soziale Ausgrenzung in der Integration von Schülern mit sonderpädagogischem Förderbedarf: Zusammenhang von Persönlichkeit, Gruppenheterogenität und sozialer Ausgrenzung. In: Empirische Pädagogik, 23 (2), 170–190

Kalina, U. (2017): LaTeX-Manual. In: www.augenbit.de/wiki/index.php?title=LaTeX#Sonstige_Hinweise, 15.2.2017

KMK (Kultusministerkonferenz) (2019): Datensammlung Sonderpädagogische Förderung in Förderschulen 2017/2018 In: www.kmk.org/fileadmin/Dateien/pdf/Statistik/Dokumentationen/Aus_Sopae_2017.pdf, 22.7.2019

Lang, M. (2017): Inhaltsbereiche und konkrete Ausgestaltung einer spezifischen Didaktik des Unterrichts mit blinden und hochgradig sehbehinderten Schülerinnen und Schülern. In: Lang, M., Hofer, U., Beyer, F.: Didaktik des Unterrichts mit blinden und hochgradig sehbehinderten Schülerinnen und Schülern. Band 1: Grundlagen. 2., überarbeitete Auflage, Kohlhammer, Stuttgart, 174–227

MacCupsie, A. (2006): Social Skills in School and Community. In: Sacks, S.Z.; Wolffe, K.E. (Ed.): Teaching Social Skills to Students with Visual Impairments. Form Theory to Practice. AFB-Press, New York, 234–278

Ministerium für Bildung und Frauen Schleswig-Holstein (2008): Landesverordnung über die Erteilung von Zeugnissen, Noten und anderen ergänzenden Angaben in Zeugnissen (Zeugnisverordnung – ZVO) vom 29. April 2008. In: www.gesetze-rechtsprechung.sh.juris.de/jportal/?quelle=jlink&query=ZeugnV+SH+%C2%A7+6&psml=bsshoprod.psml&max=true, 10.2.2017

Rath, W. (1997): Überlegungen zur Bildungsplanung bei blinden und sehbehinderten Kindern und Jugendlichen unter Berücksichtigung des Sonderpädagogischen Förderbedarfs. In: blind-sehbehindert – Zeitschrift für das Blinden- und Sehbehindertenbildungswesen, 3/97, 185–193

Robert Koch Institut, Statistisches Bundesamt (2017): Gesundheitsberichterstattung des Bundes. GBE-Themenheft Blindheit und Sehbehinderung. In: https://www.rki.de/DE/Content/Gesundheitsmonitoring/Gesundheitsberichterstattung/GBEDownloadsT/blindheit.pdf?__blob=publicationFile

Spring, S. (2012): Sehbehinderung und Blindheit: Entwicklung in der Schweiz. Schweizerischer Zentralverein für das Blindenwesen. In: www.szb.ch/fileadmin/user_upload/szb-factsheet_sehbehinderung_und_blindheit_entwicklung_in_der_schweiz_2012.pdf, 8.2.2017

Thiele, M. (2003): Soziale Integration im gemeinsamen Unterricht. Eine Untersuchung am Beispiel des Sportunterrichts von blinden und sehenden Schülerinnen und Schülern. Edition Bentheim, Würzburg

VBS (2019): E-Buch Anleitung. In: www.augenbit.de/wiki/index.php?title=E-Buch_Anleitung, 6.8.2019

Walthes, R. (2014): Einführung in die Pädagogik bei Blindheit und Sehbeeinträchtigung. 3. Aufl., Ernst Reinhardt, München

Sachregister

Bildnachweis

Fotos und Abbildungen im Innenteil:

Abb. 7: Möckel Feinmechanik, Buseck

Abb. 13: F.H. Papenmeier GmbH & Co KG, Schwerte

Tab. 6: *Bildschirmlesegerät Visio 500:* BAUM-Retec AG, Meckesheim
Mobiles Kamerasystem: F.H. Papenmeier GmbH & Co KG, Schwerte

Tab. 8: *Elotype:* Blista Brailletec gGmbH, Marburg
PIAF Tactile Image Maker: Harpo Sp. z.o.o., Posen, Polen
TactiPad: Thinkable, Huissen, Niederlande

Schulische Inklusion: leicht und kompakt

Claudia Omonsky
Schüler mit schwerer und mehrfacher Behinderung im inklusiven Unterricht
Praxistipps für Lehrkräfte
(Inklusiver Unterricht kompakt)
2017. 64 Seiten. 9 Abb. 1 Tab.
DIN A4. Innenteil zweifarbig.
(978-3-497-02679-1) kt

Ist gemeinsamer Unterricht auch mit SchülerInnen mit schwerer und mehrfacher Behinderung möglich? Wie kann Inklusion in der Schule mit diesen Kindern am besten gelingen und wie können auch SchülerInnen ohne Behinderung davon profitieren? Praxisnahe Beispiele bieten LehrerInnen auch ohne sonderpädagogische Vorkenntnisse einen optimalen Einstieg in zentrale Themen der Inklusion in der Schule: Kooperation mit den Eltern, Zusammenarbeit im Team, Gestaltung der Lernumgebung, Kommunikation, Förderplanung u.v.m. Tipps zu Alltagssituationen und Pflege erleichtern den Umgang mit SchülerInnen mit Behinderung. Für LehrerInnen hilfreich sind die Hinweise zu Belastungs- und Konfliktsituationen.

Inhalt

1 Personenkreis und Menschenbild
- 1.1 Was bedeutet „schwere Behinderung"?
- 1.2 Inklusion und Lernbedingungen

2 Zusammenarbeit und Kooperation
- 2.1 Elternarbeit
- 2.2 Teamarbeit (...)

3 Alltagssituationen und Pflege
- 3.1 Förderpflege
- 3.2 Gestaltung der Lernumgebung
- 3.3 Essen und Trinken
- 3.4 Körperhygiene (...)

4 Kommunikation
- 4.1 Alles Verhalten ist eine Mitteilung
- 4.2 Kontaktaufnahme und Ansprache
- 4.3 Unterstützte Kommunikation (...)

5 Unterricht und Förderung
- 5.1 Klare Förderziele
- 5.2 Rahmenbedingungen
- 5.3 Innere Differenzierung im gemeinsamen Unterricht
- 5.4 Individualisierung in der Einzelförderung
- 5.5 Unterrichtspraktisches Beispiel „Wasser" (...)

reinhardt
www.reinhardt-verlag.de